Trucolibro

Marie-Françoise Loock

Trucolibro

Recetas y trucos para salir de los apuros caseros

Ilustraciones de Montse Ginesta
Traducción de Noemí Sobregués

Círculo de Lectores

Título de la edición original: *Dico Truc*
Traducción del francés: Noemí Sobregués Arias
Diseño: Emil Tröger
Ilustraciones: Montse Ginesta

Círculo de Lectores, S.A.
Valencia, 344, 08009 Barcelona
1 3 5 7 9 4 9 0 7 8 6 4 2

Licencia editorial para Círculo de Lectores
por cortesía de Pierre Bordas & Fils, Éditeurs, S.A.R.L.

Depósito legal: B. 21693-1994
Fotocomposición: gama, s.l., Barcelona
Impresión y encuadernación: Printer industria gráfica: s.a.
N. II, Cuatro caminos, s / n, 08620 Sant Vicenç dels Horts
Barcelona, 1994. Printed in Spain
ISBN 84-226-5084-3
N.º 31666

UTILIZACIÓN DEL TRUCOLIBRO

Al principio del texto encontrará un índice con las distintas entradas, colocadas por orden alfabético, como en un diccionario; a cada entrada le sigue una breve enumeración de los diferentes temas que se abordarán en ella. Con frecuencia se remite por medio de una flecha ⟹ a otras entradas, cuyos temas son análogos y a los cuales puede acudirse para más información.
Con objeto de resumir la redacción del índice alfabético, en la enumeración de las distintas entradas ofrecemos sólo la inicial de las mismas.
Ejemplo: Guantes: G de piel – G de goma – G blancos.
Deseamos que las páginas de nuestro Trucolibro *le resulten una lectura agradable.*

Los editores

ÍNDICE ALFABÉTICO DE LOS ARTÍCULOS

A

B

Borlas de lana: confeccionarlas.
Botas: evitar que se deformen – B de ante – B de cuero – B de goma – B de punto.
Botellas de plástico: destruirlas – en el huerto – juego de bolos – muñecas.
Botellas de vidrio: romperlas – eliminar la cal – limpiarlas – agujerearlas – abrirlas.
Bronce: abrillantarlo.
Bronceado: cuidados y precauciones.
Brújula: confeccionar una B.
Buñuelos: una receta.

C

Cabello: C bonito – un truco para que crezca más deprisa – engrosarlo – C liso y brillante – luchar contra la caída del C – dar brillo y volumen al C – reflejos pelirrojos – aclarar el color – C menos seco.
Cabezales: algunos consejos.
Café: para que se conserve – potenciar el sabor – si ha hervido – C con chocolate –C antipulgones – para el aliento.
Cajas para regalos
Cajones: C recalcitrantes.
Cal: depósito en la cazuela de hervir alimentos.
Calabacines: escogerlos – emplearlos en el momento oportuno – las flores.
Calabaza: confitura – sopa – decoración de Navidad.
Calefacción: algunos trucos para caldear mejor.
Cangrejos: para que se conserven frescos.
Caracoles: esterilizarlos – pasta de C – servirlos.
Caramelo: mantenerlo líquido – proporción.
Carbón de leña: para las flores – en el frigorífico – para las aves.
Cardenal en la uña: calmar inmediatamente el dolor.
Carey: para limpiar un objeto de C – pulirlo – si está agrietado.
Carnes: conservación en el frigorífico – tiempos de cocción.
Carnes de caza: conejo y liebre – corzo.

Coles: reducir la acidez – atenuar el olor – receta especial de col rellena.
Coliflores: hacerlas más digestivas – evitar las orugas.
Congelación: el pan – los platos cocinados – las verduras.
Congelador: descongelarlo muy deprisa – en caso de corte de luz.
Corbatas: para ordenarlas.
Cortinas: para recuperar su blancura – para que no se arruguen – emplazamiento de los ganchos – si no puede sacar los ganchos – para introducir una barra de cortina en el dobladillo – el cordón de fruncido.
Costura: botones – mangas – dobladillos – cortar una cortina.
Cremalleras: mantenimiento – impedir que se bajen – impedir que se atasquen.
Crepes: conservarlas calientes.
Cristales: limpiarlos.
Cuadros: mantenimiento – evitar que los C se inclinen – reavivar los colores – grabados – evitar las marcas en las paredes.
Cubitos: para depilarse – sacar una astilla – para guardarlos – para que tarden más en derretirse.
Cubos de basura
Cucharas de madera
Cuchillos: mantenimiento – para afilarlos.
Cuerdas: atar un paquete – confeccionar una alfombrilla.
Cuero: restauración – mezcla a emplear – mantenimiento.

CH

Chantillí: cómo hacerlo – para aligerarlo.
Chicle: para recuperar un objeto – mancha de Ch – reparar una junta, un escape.
Chimeneas: hacer fuego – perfumar la habitación – mantenimiento de los accesorios – deshollinamiento.
Chocolate: rallarlo – *mousse* de Ch – mancha.
Chucrut: prepararlo usted mismo.

D

Desodorantes

Discos: cocinar con música – colocar los D – quitarles el polvo – para no desordenarlos.

Documentos administrativos: su validez – ordenarlos – fotocopiarlos.

E

Edredones y mantas: mantenimiento y conservación.

Electricidad: interruptores – arreglárselas con una palmatoria.

Endibias: escogerlas – evitar el amargor – dietética.

Equivalencias: véanse pesos y medidas.

Escaleras: impedir que resbalen.

Escobas: E de plástico – E de paja – fregonas.

Esmalte de uñas: para que tarde más en descascarillarse – lo que no se debe hacer – conservar el E de U – licuarlo.

Espárragos: ración – pelarlos – cocerlos – conservarlos.

Espinacas: escogerlas – propiedades del agua de cocción – las E, un producto de belleza.

Esponjas: naturales – vegetales – sintéticas.

Espejos: limpiarlos – mantenimiento – evitar el vaho.

Estaño: reavivarlo – limpiarlo – tratarlo.

Estragón: aromatizar el vinagre – para que se conserve – aromatizar el pollo – aromatizar el aceite.

Estreñimiento: tratarlo.

Etiquetas: evitar que se borren.

F

Flores: cogerlas – reavivarlas – un agua limpia – conservar los colores – ramo de Navidad – aceite de belleza – crisantemos – rosas – mimosas – tulipanes – claveles.

Flores secas: ramos – conservar flores y hojas – popurrí – laca.

Frambuesas: desalojar a los insectos – belleza.
Freidora: limpiarla – salpicaduras – conservar el aceite.
Fresas: para que conserven el aroma – dietética.
Frigorífico: mantenimiento – bandejas de hielo – eliminar los olores.
Fruta: congelar algunas F.
Frutos: en botella – en el huerto.
Fuego sin cerillas: el sílex – la lupa – el encendedor giratorio.

G

Gafas: un truco.
Gambas: para cocerlas – receta rápida.
Garrafas: mantenimiento – los tapones – la cal.
Gelatina: endurecer las uñas.
Geranios: contra los mosquitos – contra las polillas.
Grifos y lavabos: G brillantes – eliminar la cal – G con escape – desatascar el L.
Grosellas: conservar secas las G – contra la gripe – contra las quemaduras.
Grupo sanguíneo
Guantes: G de piel – G de goma – G blancos.
Guisantes: tiempo de cocción – congelación.

H

Habas: para que sean digestibles.
Helados: cómo prepararlos – presentación.
Herramientas: siempre bien ordenadas.
Hiedra: para los callos – para reavivar la ropa.
Hierbas aromáticas: HA molidas – HA en bola – clavo.
Hierro: limpiarlo – desoxidarlo – sacarle brillo.
Hierro forjado: mantenimiento – cómo darle brillo – verja de HF.
Higueras: para hacer estacas – contra el estreñimiento – mascarilla de belleza.

J

L

Laurel: las hojas – en el huerto.
Lavanda: para que se conserve – para perfumar – en infusión – para el baño – contra el acné.
Leche: L cruda – repostería – asados – belleza – salud.
Lechugas: cómalas verdes – conservarlas – refrescarlas – milamores – loción de belleza – contra el acné – para dormir.
Lencería: conservación.
Leotardos: trucos para conservarlos – un colador – portabolas de naftalina – relleno de cojín – para los pelos de animales.
Levadura de cerveza: para un *peeling*.
Libros: ordenarlos – insectos – cubiertas doradas – manchas de grasa – página rota – clínica del L – proteger su libro de cocina.
Limones: escogerlos – conservarlos empezados – extraer el zumo – para la mayonesa – receta de belleza – eliminar las hormigas – eliminar los olores.

LL

Llaves: llavero.

M

Maíz: las mazorcas – los granos.
Maletas: mantenimiento – M de tela – protegerlas.
Manchas: consejos – tratamientos específicos: aceite lubricante – alquitrán – barro – bolígrafo – café – cardenillo – cera – cerveza – cola – chocolate – dedos – fruta – fuel – grasa – hierba – huevo – humedad – leche – lejía – mantequilla – maquillaje – mermelada – moho – óleo – orina – óxido – perfume – pintalabios – quemadura – rotulador – salsa – sangre – tinta – transpiración – vinagreta – vino tinto – otros trucos.
Mandarinas: escogerlas – eliminar los olores – sembrarlas.

Mantequilla: equivalencia – M rancia – más sabrosa – reblandecerla – M como quitamanchas.

Manzanas: al horno – en compota – plantas verdes – tisana – conservar las M secas.

Manzanilla: receta para una bebida deliciosa.

Marcos: devolverles el brillo – M de yeso dorado – renovarlos.

Marfil y carey: limpiar – blanquear – corregir las grietas.

Mármol: conservación – quitar las manchas – el M claro – renovar el M – mancha de grasa – mancha de óxido – reparar una grieta.

Martillos: información.

Masilla: reblandecerla – conservarla – extraerla.

Mayonesa: para que no se corte – recuperarla – M digestiva – colorearla – M de régimen.

Mejillones: limpiarlos antes de cocinarlos.

Melocotones: haga un sorbete delicioso.

Melones: escogerlos – presentarlos.

Mermeladas: suprimir la espuma – para que se conserven mejor – evitar que se enmohezcan – conservar la pulpa de la fruta – llenar los botes – etiquetas.

Mesa (disposición de la)

Metales: el oro – la plata – el estaño – el bronce – el cobre – el latón.

Miel: teoría de la miel – miel artificial – para que se conserve – miel con las verduras – bebida refrescante – bebida tonificante – *gofres* con miel – masa para galletas – pan duro – para el cabello – para pieles secas – para pieles grasas – *peeling* y acné – quemaduras, picaduras de insectos, desinfectante – contra la falta de energía – contra los dolores reumáticos – distintas M: acacia, brezo, lavanda, romero, tilo, pino, trébol, colza, mil flores, tomillo, abeto, alforfón.

Mimbre: limpiarlo.

Buenos modales: algunos consejos.

Moquetas: trasladar los muebles – eliminar las marcas – quitar las manchas – mancha de barro – quemadura de cigarrillo – mancha de vino.

N

O

Origami: fabricar una caja portaobjetos.
Ortigas: sopa – cabello débil – salud – contra los pulgones.
Otitis: para curarla.

P

Paja: mantenimiento de las sillas – sombrero de P – una pantalla – un nido.
Pajaritas de papel
Pájaros: colocación de la jaula – en el jardín – construir un cobijo y un comedero.
Palmatorias: vela iceberg.
Pan: hacer P – P duro – P de molde – P rallado – mendrugos contra el olor de la col – miga de P.
Pantalones: deshilachados – cómo colgarlos en una percha.
Papeles de periódico: limpiar cristales – confeccionar «leños» –limpiar el estaño – conservar huevos – conservar cebollas – en el huerto.
Papeles pintados: calcular la cantidad necesaria – método I, método II – PP con burbujas – para retirarlos – trucos profesionales – colocarlos en el techo.
Parafina: truco.
Paraguas: impermeabilizarlo – proteger el suelo.
Parque para bebé: utilizarlo cuando el bebé haya crecido.
Parqué: mantenimiento – vitrificarlo – decaparlo – mancha de cera – para que no chirríe – mancha de fuel.
Pasta: P fresca de colores: verde, roja, violeta, marrón, amarillo intenso, «blanca», azul, rosa salmón, rosada – cocción – para que no se pegue – cocerla *al dente*.
Pastelería: dorar pasteles.
Patatas: para que se conserven – P nuevas – fécula – absorber la sal sobrante – desincrustar cazuelas – vasos y garrafas de cristal – para el fuego – ojos hinchados – para las quemaduras.
Pecas: crearlas – hacerlas desaparecer.
Pelotas de pimpón: repararlas – para el baño del bebé.

Pepinillos: para que se conserven duros.
Pepinos: para que no amarguen – que expulsen el agua – comerlos calientes – receta de belleza.
Perchas: colgar un pantalón – P para la ropa – forrar una P – decoración.
Perejil: escogerlo – conservarlo – secarlo – salsa – para las frituras – contra las picaduras – contra los pulgones – para el cabello – salud – tarta de P.
Perifollo: antibabosas – congelarlo – receta de belleza.
Periódicos: no los tire.
Perlas de papel
Pesca con caña: conservar los gusanos – recoger gusanos.
Pescado: escogerlo – frito – bacalao salado – enharinarlo – no romperlo – gusto a cieno – tiempos de cocción.
Pesos y medidas: contraste ciertas dimensiones de su cuerpo – medidas de contenido – medidas de longitud – peso de algunos productos.
Pícnic: conservación del hielo.
Pieles: conservación – en verano – si llueve – P apagadas – perfume – bolsillos – P de gamuza – P de oveja – P de cabra – curtir una P de conejo – otro método de curtido.
Pimientos rojos: conservarlos en vinagre – en jugo.
Pinceles: siempre listos – reblandecerlos – entre dos capas de pintura.
Pinturas: para atenuar el olor – pintar puertas y ventanas – limpiar una pared – bote abierto – pintar el techo – proteger los cristales de las ventanas – proteger ciertas zonas – pintar cantos rodados.
Plancha: limpiarla – P a vapor – disolver la cal – eliminar el almidón – ropa almidonada – símbolos de empleo.
Plantas verdes: aureolas blancas – fortalecer las PV – regarlas – riego especial.
Plata: protegerla – devolverle el brillo – limpiarla – eliminar las picaduras.
Plátanos: para que se conserven – en macedonia – P calientes – P al horno.
Polillas: para ahuyentarlas.
Pomelos: escogerlos – como entrante – como postre – salud.

Q

R

U

V

W

Y

Z

Zanahorias: para que se conserven – planta verde – un pastel – belleza – salud.

Zapatos: ordenarlos – suelas resbaladizas – Z que chirrían – Z demasiado duros – Z estrechos – Z de ante – Z de cocodrilo – Z de piel – zapatillas de tenis.

ACEDERA

Para las espinas del pescado
Añadiendo un puñado de acedera en el caldo de pescado acabará con las espinas que hayan podido quedar sueltas. También puede rellenar el pescado con hojas de acedera antes de introducirlo en el horno, ya que la acedera destruye las espinas pequeñas.

Para blanquear las cazuelas ⇒ cazuelas
Si introduce un puñado de acedera en el agua hirviendo, conseguirá que el interior de las cazuelas de esmalte o de aluminio recuperen su blancura.

Para el cobre
Prepare una pasta con un poco de acedera, y frote con ella los objetos de cobre deslustrados. Aclárelos con agua fría y quedarán resplandecientes.

Para las picaduras
Si acaba de picarle un mosquito y tiene en casa una hoja de acedera, aplástela sobre la picadura; la acedera calma inmediatamente el dolor y evita los picores.

Para el bambú
Conserve el agua de cocción de la acedera y frote con ella los muebles y objetos de bambú. Quedarán tan limpios que parecerán nuevos.

ACELGAS

Consumir las hojas
Prepárelas como si fueran espinacas; son excelentes, digestivas y deliciosas.
Los tallos de las acelgas no se pondrán grises al cocerlas si añade al agua un chorrito de zumo de limón.

ADELGAZAR

Un truco para perder algunos kilos en muy poco tiempo consiste en tomar una manzana, una pera o una patata cocida una hora antes de cada comida. Este «aperitivo» desempeñará la función de «dique» en su estómago y hará que su apetito disminuya considerable-

mente. Puede perder de 3 a 4 kilos en un mes, sin sufrimiento alguno.
Resulta mucho más difícil prescindir del azúcar o de la sal, dos importantes «acumuladores de peso». Intente sustituir el azúcar por miel, que posee el mismo valor calórico pero tiene la ventaja de absorber mucho menos líquido. En cuanto a la sal, intente reemplazarla progresivamente por otros sabores: cebollas, ajos, limón o vinagre, de forma que pueda ir deshabituándose de la frecuente costumbre de poner demasiada sal.
Coma lentamente, masticando bien, y tome las verduras hervidas (sin salsas) antes de la carne; la sensación de saciedad que sentirá rápidamente hará que ingiera menor cantidad de carne (y de la grasa que la acompaña).

AGUACATES

Sepa escogerlos: deben tener bastante peso y no presentar ninguna mancha.

Para que no se ennegrezcan
Una vez abiertos en dos, extraiga el hueso y, antes de aliñarlos, rocíelos con un chorrito de zumo de limón.

Planta decorativa
Del hueso obtendrá una planta verde muy bonita que puede transformarse en arbusto muy rápidamente. No es preciso ser un experto en jardinería. Haga un corte en la parte superior del hueso y otro en forma de cruz en la inferior. Clávele cuatro alfileres y colóquelo en un vaso, donde deberá permanecer constantemente en remojo durante tres semanas, como mínimo. Procure que el nivel de agua permanezca constante. Del hueso surgirá pronto una raíz pequeña y un pequeño brote en el centro. Cuando la raíz esté bien desarrollada, plante el aguacate en una maceta de como máximo 20 centímetros de diá-

metro, con una mezcla de turba y mantillo. Riéguelo moderadamente dos veces por semana. Una vez que el brote haya alcanzado unos 13 centímetros, córtelo por encima de las primeras hojas. Espere cierto tiempo y habrá traído al mundo una hermosa planta (que detesta las corrientes de aire).

En salsa
Pase la carne de un aguacate por la batidora durante algunos segundos, añada de cinco a ocho gramos de pimienta verde y la pulpa de un limón. Después, en un cuenco, mezcle esta pasta con una yema de huevo, una pizca de sal y 30 centilitros de crema de leche. Esta salsa puede acompañar a las verduras crudas.

Belleza
Evite que el frío seque su piel aplicándose en el rostro, una o dos veces por semana, una mascarilla que obtendrá mezclando la pulpa de medio aguacate y un poco de aceite de oliva.

AGUJAS DE COSER

¡Qué molesto es enhebrar una aguja!
¡Y, sin embargo, qué simple! Basta poner de fondo un trozo de papel o de tela blancos cuando enhebre hilo negro u oscuro, o uno oscuro cuando el hilo sea claro.

AGUJEREAR UNA MONEDA

En un momento dado, nos puede interesar agujerear una moneda, aunque sólo sea para colgárnosla al cuello, tras haberla pulido y barnizado para dejarla muy brillante.

Por sorprendente que le parezca, esto se puede lograr con una aguja.
Lo primero que tiene que hacer es introducir, ayudándose con una pinza, una aguja de coser (A) en un tapón

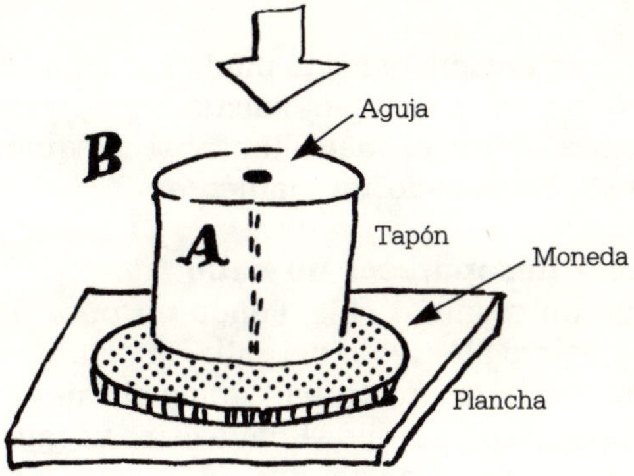

de corcho (B), de forma que la aguja atraviese la longitud total del corcho y sobresalga por arriba y por abajo, como se puede ver en el dibujo.
Coloque esta pieza sobre una plancha de madera y, manteniéndola tan recta como le sea posible, dé un martillazo seco en la parte superior del corcho. Advertirá que la aguja se clava en la moneda tan fácilmente como en la mantequilla, lo cual sucede porque el acero es mucho más duro que la moneda. El corcho permite guiar y mantener recta la aguja.

AJOS

Conservación
Nada más finalizar la cosecha, pase rápidamente las raí-

ces por la llama de una vela (o del gas), y el ajo no germinará.

Para digerirlos con mayor facilidad
Extraiga el pequeño germen que se encuentra en su centro.

Salud
Si tiene hipertensión, masque un diente de ajo con el desayuno. (No olvide después masticar dos o tres granos de café para evitar el mal aliento, si no quiere que la gente huya de su lado rápidamente.)

Para hacer desaparecer un callo
Machaque un diente de ajo. Ponga un poco de esmalte de uñas incoloro alrededor del callo. En cuanto esté seco, aplique un poco de ajo machacado en el callo y fíjelo con ayuda de un esparadrapo. Renueve el apósito durante tres o cuatro días, hasta que el intruso «se dé por vencido».
Este procedimiento también sirve para hacer desaparecer las verrugas.

Para atenuar una quemadura del sol ⇒ almidón
Machaque un diente de ajo en cuatro cucharadas soperas de aceite, preferiblemente de oliva (aunque no es imprescindible).
Aplíquelo durante diez minutos en la zona afectada.

ALBARICOQUES

Fruta muy apreciada
Los albaricoques se aconsejan a los estudiantes sobre todo en época de exámenes, ya que estimulan la capacidad intelectual.

Cosecha abundante
Las mermeladas, y también los purés, los sorbetes y los almíbares pueden almacenarse en el congelador o conservarse en tarros esterilizados. Las mermeladas pueden acompañar a los yogures o quesos frescos del invierno.

Albaricoques confitados
Tras haberla abierto en dos y deshuesado, introduzca la fruta en agua a la que previamente se habrá añadido zumo de limón. A continuación, deposítela en una cazuela bastante grande, cúbrala con agua fría y póngala a calentar. Cuando la fruta suba a la superficie, inmediatamente antes de que empiece a hervir, retírela del fuego y pásela por agua fría en un colador, para evitar así que absorba demasiada agua. De esta forma se endurecerá. Prepare un almíbar a 29 °C. En cuanto empiece a hervir retire la cazuela, sumerja la fruta en el almíbar y déjela reposar durante 24 horas. Transcurrido este tiempo, retire la fruta con una espumadera, caliente el almíbar a 30 °C y sumérjala de nuevo hasta el día siguiente. Repita el proceso una tercera vez en un almíbar a 35 °C, y después una cuarta vez a 38 °C. Podrá conservar esta fruta durante mucho tiempo en recipientes metálicos o frascos herméticos.

Para los más pequeños
Los albaricoques confitados son excelentes para que los tomen los niños a la hora del recreo y en la merienda.

ALCACHOFAS

Por persona
Una alcachofa de unos 250 gramos o dos alcachofas pequeñas. No corte el tallo; rómpalo para poder aprovechar la mayor cantidad de fibra.

Si utiliza los corazones
Rocíelos inmediatamente con zumo de limón y no se oxidarán.

Para conservarlas frescas cierto tiempo
Tras haber cortado ligeramente los tallos, introdúzcalos en un recipiente lleno de agua azucarada que cambiará cada día.

Para congelarlas
Se aconseja congelar sólo los corazones. Quite las hojas y la pelusa, sumerja los corazones en agua hirviendo salada, a la que se habrá añadido zumo de limón, durante tres minutos desde que el agua vuelva a hervir.
Enfríelas rápidamente bajo el grifo. Séquelas bien. Colóquelas en un plato sin que se toquen, e introdúzcalas en el congelador. Al día siguiente podrá colocarlas en bolsas. De esta forma se conservarán de ocho a diez meses.

Para decorar
Deje que florezcan (no demasiado). Córtelas dejando el tallo largo y cuélguelas cabeza abajo en un lugar aireado y seco. Cuando estén deshidratadas, póngalas en un jarrón sin agua y formarán un fantástico ramo de invierno.

Salud
De las hojas obtendrá una tisana excelente para curar las enfermedades hepáticas. Esta tisana, con propiedades diuréticas, permite asimismo regular el nivel de colesterol y de urea. De esta forma puede aprovechar la mayor parte de la verdura, ya que para esta infusión utilizará solamente la parte superior de las hojas cortadas en trozos pequeños y dejadas secar. Ponga a hervir durante tres minutos una cucharada sopera de estos trozos de hojas y déjelas otros tres minutos reposando. Cuele una taza de esta infusión antes de la cena y tres tazas durante el día en caso de enfermedad digestiva.

ALFOMBRAS

Un antideslizante para que no vuelvan a resbalar
Unte con cola las esquinas interiores de las alfombras. Deje que se sequen bien antes de volver a colocarlas en su lugar.

Para evitar que las esquinas se doblen
Coloque Velcro, por la parte que pega, en las cuatro esquinas de su alfombra.

Para evitar la humedad
Si no pasa el invierno en casa, proteja sus alfombras de la humedad del suelo. Enróllelas introduciendo papel de periódico en el interior, átelas sin apretarlas excesivamente y colóquelas de forma vertical contra la pared, intercalando más papel de periódico entre ésta y la alfombra.

Para reavivar los colores
Espolvoree sobre la alfombra una buena capa de sal fina, y cepíllela suavemente con un cepillo de pelo flexible para que la sal penetre bien. Espere 15 minutos antes de pasar la aspiradora.

Alfombras de sisal

Mantenimiento
Proteja las esteras y alfombras de sisal de la humedad dando una capa de cera de abeja en el revés de las mismas.

Para eliminar las manchas
Lávelas de vez en cuando con un cepillo y agua templada muy salada a la que se habrá añadido el zumo de un limón.

ALGAS

Si pasa las vacaciones a la orilla del mar, haga acopio de algas.
Deje que se sequen al sol. Cuando estén totalmente deshidratadas, colóquelas en un trozo de tela grande para triturarlas. Confeccione pequeños cojines cuadrados, de unos seis centímetros de lado, y rellénelos con las algas trituradas.
Si estruja uno de estos cojines en el agua del baño, recordará los buenos aromas de las vacaciones, su línea mejorará y su piel quedará más suave.

ALMENDRAS

Para que se conserven frescas
Déjelas reposar durante cuatro o cinco días en un recipiente con agua.
Podrá sacar fácilmente la piel oscura si, una vez rota la cáscara, las introduce varios segundos en agua hirviendo.

ALMIDÓN ⇒ ajos

Para la piel
Añada una taza de almidón al agua de su baño y agítela hasta que el almidón esté bien disuelto. De esta forma su piel quedará muy suave y satinada.

Para curar las quemaduras del sol
En un tazón, haga una pasta suave con una cucharada

sopera de almidón. Aplique esta pasta en las quemaduras solares y se sentirá aliviado muy rápidamente.

ALTAVOCES (DE HI-FI)

Si utiliza dos altavoces, la distancia que separa a ambos debe ser entre metro y medio y tres metros. Deben estar situados al mismo nivel con el altavoz de agudos a la altura del oído de la persona que escucha. La zona de recepción sonora se halla a una distancia entre dos y seis metros. El oyente debe tener la impresión de que el sonido procede de la zona situada entre los dos altavoces y que puede situar en el espacio en los distintos planos la posición de los diferentes instrumentos de la orquesta. **Nota:** procure que el entorno inmediato de los altavoces sea análogo; si, por ejemplo, uno de ellos está cerca de la pared, los sonidos graves serán mayores en ese lado.

ALUMINIO

Resulta superfluo enumerar las ventajas de las hojas de papel de aluminio. Han pasado a ser de uso totalmente cotidiano, ya sea para los alimentos como para conservación, etc.

Para las pilas
Durarán más si, antes de colocarlas en la radio, el despertador o cualquier otro aparato, las envuelve con un poco de papel de aluminio, dejando siempre que sobresalgan los bornes.

Lámpara
Forre el fondo de una pantalla, de una lámpara de techo

o de un aplique con una hoja de aluminio. Al iluminar principalmente el techo, la luz se difundirá de forma más suave.

Para la cocina
Para evitar que las verduras rellenas, como los tomates, los aguacates, las cebollas o las patatas se deshagan durante la cocción, cálcelas forrando el fondo del plato con papel de aluminio arrugado.

Cazuelas de aluminio ⇒ cazuelas
Un plato preparado en una cazuela de aluminio no debe permanecer en ella después de la cocción, ya que se oxidaría muy deprisa y resultaría inadecuado para el consumo.

Bandeja de cubitos
No volverá a quedarse pegada en la placa del congelador si entre la bandeja y la placa intercala una hoja de aluminio.

Plancha
Economice y gane tiempo. El calor se repartirá mejor si coloca entre la tela y la plancha una hoja grande de papel de aluminio.

ANIMALES

No deje su animal al cuidado de nadie sin haber llevado consigo «sus objetos personales», su cesta, su juguete preferido, su cojín o cualquier otro objeto familiar. Se sentirá más cómodo y más «seguro».
Su perro conservará el pelo bonito si una vez por semana añade a su comida una cucharada sopera de aceite de oliva.
Su gato no volverá a esparcir los granos de arena si

coloca bajo su bandeja un trozo de moqueta en la que automáticamente se limpiará las patas.
Conseguir que un gato trague una pastilla es todo un milagro. Si no logra introducir el medicamento en el fondo de su garganta, pruebe este método:
Aplaste el comprimido en un poco de leche, de agua o de caldo, e introduzca la pata de su gato en el líquido. Se lamerá instintivamente. Repítalo hasta la última gota.
En la época en que su animal pierde el pelo, ¡cuidado donde aterriza! Frote los cojines, los sillones y los apoyabrazos con un cepillo que habrá introducido en el interior de una media o de un leotardo. Resulta muy eficaz.
Las garrapatas son las enemigas mortales de su perro. Para quitárselas, sujete con fuerza a su animal y, una vez descubierta la garrapata, agarre el cuerpo del insecto con una pinza de depilar, sin apretar demasiado para evitar aplastarlo. Deslice una o dos gotas de éter por la pinza.
El parásito se quedará pegado a la pinza durante un instante y usted aprovechará para extraerlo por completo.

APIO

Para aromatizar
Ponga a secar las hojas para que, una vez agostadas, pueda picarlas y aromatizar sus platos y guisos.

Para decorar
Lave bien las ramas. Haga tres o cuatro cortes de dos o tres centímetros en los extremos de las mismas. Introduzca las ramas de apio en agua fría hasta que los extremos queden rizados (hora y media aproximadamente).

En salsa mayonesa con mostaza
Tras haberlo rallado, introduzca el apio en agua hirviendo, envuelto en una tela fina. Séquelo bien con un paño y alíñelo.

En salsa
En primer lugar, ralle medio apio nabo, añádale el zumo de un limón y mézclelo bien. A continuación incorpore 30 centilitros de crema de leche y salpimiente. Esta salsa acompaña a las carnes rojas asadas.

En sorbete
Utilice la parte blanca de los tallos de apio. Elimine los hilos y las partes duras, y lave y seque bien las ramas. Córtelas en trozos pequeños y cuézalas al vapor durante 15 minutos. Escúrralas sobre un papel absorbente y páselas por la picadora, añadiendo la pulpa de dos limones y una rama de perejil. Vierta en un recipiente el zumo obtenido, añádale un poco de sal y algunos granos de pimienta triturados, y mézclelo todo con medio yogur o una cucharadita de crema de leche. Ya sólo queda dejar que se endurezca en el congelador o en una sorbetera.

ARÁNDANOS

Ricos en azúcar y en vitaminas A y C, los arándanos frescos son revitalizadores tanto para los niños pequeños como para las personas mayores.

En infusión
Deje secar las hojas, que guardará en una caja metálica bien cerrada. En tisana (un puñado de hojas secas por litro de agua), a razón de dos tazas diarias, curan la cistitis, el eccema y la enuresis.

ÁRBOL DE NAVIDAD

Durará más tiempo
Cómprelo con raíces e instálelo en una gran maceta llena de tierra fina. Riéguelo cada dos días, ya que la humedad le permitirá soportar mejor el calor de la vivienda y de esta forma «vivir» un poco más. Las hojas se caerán con menor frecuencia si las vaporiza con laca para el cabello.

ÁRBOLES

Si el musgo invade los troncos, elimínelo frotándolos con un estropajo metálico de los que normalmente se utilizan para limpiar las cazuelas.
No permita que la hiedra y la hierba se alimenten de la corteza; arránquelas y limpie la zona que rodea el tronco. Al airear la tierra, las raíces respiran mejor y los árboles dan más fruto.
No dude en retirar los brotes que debilitan los árboles frutales.

ARROZ

Para la cocción
Añada al agua de la cocción unas gotas de limón para que el arroz conserve su color blanco. Nunca lo remueva durante la cocción.

Arroz con leche
No añada inmediatamente el azúcar a la cocción, ya que ello haría que ésta se prolongase.

Arroz hervido
Si lo introduce en el frigorífico, el frío hará que se vuelva crujiente.

Para la colada
El agua de cocción del arroz contiene almidón suficiente para almidonar una colada de cuatro o cinco kilos.

Para evitar la humedad
Introduzca en el salero algunos granos de arroz crudo que absorberán la humedad.

Para limpiar el polvo
Introduzca un vaso de arroz crudo en el interior de su instrumento musical y agítelo bien. El arroz extraerá el polvo acumulado en el interior.

ASIENTOS ⇒ muebles

De cuero
Frótelos una vez al mes con una esponja ligeramente humedecida con cerveza rubia.

De mimbre
Quíteles el polvo con la aspiradora. A continuación, lávelos siguiendo la dirección de las hebras con un cepillo mojado en agua con lejía. Aclárelos con una esponja y déjelos secar al aire libre, protegiéndolos del sol.

AVES DE CAZA

Para que se conserven
Vacíe el animal, pero no lo desplume. Introduzca en su

interior una rama de tomillo, una hoja de laurel, unos granos de pimienta negra y un trozo pequeño de carbón de leña.

Si se han pasado

Si no ha podido cocinar el ave en el momento adecuado y se ha pasado un poco, todo lo que tiene que hacer es lavar el animal por todos lados con abundante zumo de limón puro.

Tiempo de conservación

Como máximo una semana después de matadas. En caso de que sean compradas, pregúnteselo a su carnicero.

Para desplumarlas más fácilmente

Sumerja el ave en agua hirviendo tras haberla desplumado todo lo que haya podido.

Tiempo de cocción para un tamaño mediano

Codorniz: 20 minutos
Faisán: 45 minutos
Faisana: de 25 a 30 minutos
Tordo: 20 minutos
Perdigón: de 25 a 30 minutos

Adobo

Para manir un trozo de carne, prepare el siguiente adobo: tres vasos de vinagre, un vaso de vino tinto, un vaso de agua, medio vaso de aceite, dos zanahorias cortadas en rodajas, dos cebollas cortadas en rodajas, tomillo, laurel, una cucharada sopera de granos de pimienta negra y tres clavos. Sale al gusto y deje reposar esta mezcla durante dos días en un recipiente cerrado. Transcurrido este tiempo, añada el trozo de carne. Dé vueltas a la carne diariamente, manteniéndola en el adobo durante cuatro o cinco días.

AVES DE CORRAL

Cocción en la olla
El aceite no se quemará y el ave quedará bien dorada si pone en la olla dos o tres cucharadas soperas de agua, según el tamaño del animal.

Cocción al horno
El ave no se secará si coloca sobre la placa del horno un recipiente metálico o de gres lleno de agua que, al evaporarse, proporcionará al animal un aspecto esponjoso. Si la cubre con zumo de limón, se dorará completamente y parecerá mucho más apetitosa.

Para evitar las salpicaduras
Cueza el ave en una fuente de barro, así evitará que el aceite «salte».

Para desplumarlas fácilmente
Sumerja el ave en agua hirviendo durante dos o tres minutos.

Sepa comprarlas
Pato: es tierno si el pico inferior se dobla ligeramente al presionar con los dedos.
Pava: no será dura si tiene la piel blanca.
Paloma: es joven y tierna si el pico es flexible y las patas son pequeñas y regordetas, y vieja si las patas son grandes y delgadas.
Pollo: es viejo si tiene uñas en las patas.
Oca: en muchas ocasiones, al cocinarla, se funde en el horno como si fuera nieve al sol. Para evitar esta contrariedad, compruebe que el hueso del pecho sea flexible. Palpe bien esta zona bajo la capa de grasa, ya que debe notar la carne.

AVISPAS (TRAMPA PARA)

Realice el artilugio siguiente utilizando para ello una botella de plástico y unas tijeras.

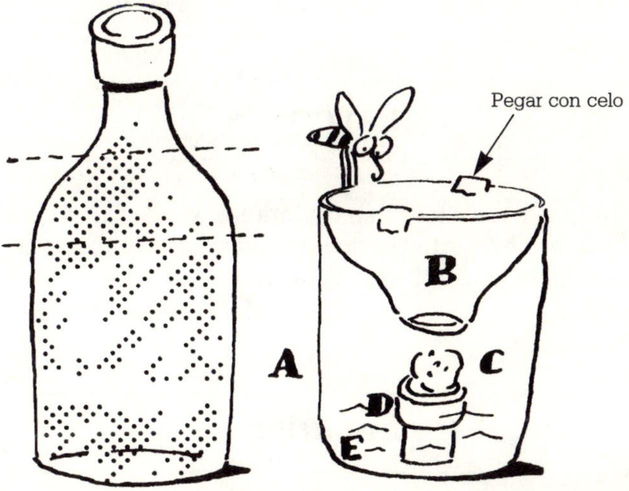

A: base de la botella.

B: parte superior de la botella, cuyo cuello se habrá recortado e introducido sobre la base A, tras haberle dado la vuelta.

C: mermelada o miel en un recipiente como cebo.

D: dado de madera pegado al fondo de la botella, guijarro o pieza de metal más pesada que el agua.

E: agua.

Las avispas «aterrizan» directamente en C, pero no pueden alzar el vuelo en vertical. Así pues, tienen pocas posibilidades de salir de este recipiente, ya que chocan contra las paredes y acaban cayendo al agua.

AZÚCAR ⇒ coles ⇒ endibias

Para cocinar
Atenúe la acidez de las coles y el amargor de las endibias añadiendo un poco de azúcar al agua de su cocción. La salsa de tomate quedará menos ácida si, mientras la prepara, añade media cucharada de azúcar.

BALCONES

La lluvia no salpicará sus ventanas si coloca pequeños guijarros sobre la tierra de sus macetas; además, el agua así drenada se infiltrará sin riesgo de que las plantas se ahoguen.

BALDOSAS

Para agujerearlas
Para evitar que la broca de la taladradora resbale en la baldosa de cerámica, pegue cinta adhesiva en el lugar en el que desea hacer el agujero.

Mantenimiento
Las baldosas de su cocina están viejas, deslustradas y salpicadas de manchas que se resisten a la fregona: es el momento de rejuvenecerlas. En primer lugar, límpielas con agua caliente a la que habrá añadido amoníaco (una cucharada sopera por litro de agua). Deje secar el suelo hasta el día siguiente, evitando pisarlo. A continuación, pásele un trapo empapado en aceite de lino, déjelo secar de nuevo y repita la operación al día si-

guiente. Para impermeabilizar el suelo, repita el proceso una tercera vez. Debe limpiarlo siguiendo este procedimiento con una cierta regularidad. Una o dos veces por año, no dude en volver a repetir la operación completa.

Baldosas del cuarto de baño
Deben conservarse en buen estado. Limpie a menudo las junturas de las baldosas con un cepillo para impedir que se acumulen depósitos negruzcos. Durante la noche, coloque un poco de vinagre blanco o un chorro de zumo de limón sobre las manchas que haya podido provocar la cal.

Manchas de humedad ⇒ manchas
Hacia el final del invierno, puede encontrarse a menudo con la desagradable sorpresa de que las baldosas de su casa de campo están manchadas de humedad. Todo lo que tiene que hacer es frotarlas con vinagre hirviendo.

BAÑOS

Tras una jornada difícil, nada mejor para relajarse que sumergirse en un buen baño.
No obstante, si desea obtener de su baño el máximo bienestar, procure no tomarlo demasiado caliente; de lo contrario, se sentiría decaído, ya que los baños muy calientes fatigan el corazón (la temperatura ideal debe ser de unos 37 °C).
No permanezca en el baño más de un cuarto de hora y, si quiere recuperar energía, aclárese con la ducha, enfriando progresivamente el agua.
No se sienta obligado a tomar un baño diario, ya que se le resecaría la piel. Una ducha basta para «ponerse en marcha» cada día.

BARBACOAS

Las crónicas de sucesos nos recuerdan con demasiada frecuencia en qué medida esta práctica inocente, tan común en la actualidad, conlleva todavía mucho peligro. No descuide ninguna precaución básica. No encienda nunca el carbón de leña con gasolina o alcohol de quemar, ya que estos procedimientos resultan extremadamente peligrosos. Utilice simplemente papel de periódico arrugado, que puede colocar debajo del carbón.
No permita que los niños jueguen en los alrededores y no abandone el lugar, ya que una sola chispa puede provocar un incendio, sobre todo en las épocas de mucho calor, cuando la hierba está muy seca y prende inmediatamente.
Después de utilizarlas, apague las brasas, tapando el fuego si la barbacoa dispone de tapadera o echándole un poco de agua.

Cuando las brasas estén rojas por todas partes, esparza abundante sal por la barbacoa para evitar las crepitaciones.
Las carnes, pescados y brochetas se cocerán al punto si las coloca sobre la parrilla junto a las brasas. Déles la vuelta al cabo de tres minutos, y eleve la parrilla para que continúen asándose de forma más suave. No escatime ramas de tomillo, que puede colocar directamente sobre las brasas.

BAÚL PARA JUGUETES

Acostumbre a los niños, desde que son bien pequeños, a que ordenen ellos mismos sus juguetes. Para evitar que se pillen los dedos, pegue tres o cuatro tapones de corcho bajo la tapa del baúl en el que guardan los juguetes, y de esta forma podrán abrirlo y cerrarlo sin dificultad y sin peligro.

BEBIDAS VERANIEGAS

Pase por la picadora
bien:
– Un melocotón con varias fresas y medio limón.
– Cinco ciruelas y dos melocotones.
– Un cuarto de sandía y varias fresas.
– Dos melocotones y medio melón.
O bien:
– rábanos, medio pepino y media remolacha roja con medio limón.
Estos cócteles, totalmente reconstituyentes y en general bien tolerados por el organismo, pueden tomarse por la mañana como desayuno.

BECHAMEL

Sin grumos
Obtendrá una salsa bechamel completamente lisa y untuosa si la remueve con un tenedor en el que habrá pinchado un trozo de patata.

Para «arreglarla»
Vuélquela en un tarro hermético y agítela enérgicamente hasta que la salsa quede muy suave.

BERENJENAS

Sepa escogerlas
Bien rellenas, lisas, firmes y muy brillantes.

Para que no se ennegrezcan
Pélelas con un cuchillo de hoja inoxidable.

En salsa
Corte tres o cuatro berenjenas pequeñas y quíteles las pepitas. Dispóngalas para asar en el horno o a la parrilla y, cuando la carne esté tierna, retírela con una cucharilla y rocíela inmediatamente con zumo de limón. Mézclelo todo bien. Coloque esta carne en el vaso de una picadora con tres dientes de ajo, a los que previamente habrá extraído el germen, y salpimiente. Píquelo durante varios segundos.
Vierta la mezcla en un cuenco y a continuación añada, como para una mayonesa, cinco o seis cucharadas soperas de aceite de oliva. Esta salsa realza el gusto de los huevos duros y puede servirse como aperitivo untada en tostadas pequeñas.

Si las fríe
Córtelas en rodajas de medio centímetro de grosor, colóquelas en un colador y, a continuación, rocíelas con agua ligeramente salada. Transcurridas unas tres horas y media, habrán expulsado su jugo negro y, con ello, su sabor amargo. Colóquelas encima de un papel absorbente y ya están listas para freír.

BERROS

Para que se conserven
No se pondrán amarillos si los envuelve con papel de periódico húmedo. De esta forma podrá conservarlos durante varios días en el cajón de las verduras del frigorífico. Otra posibilidad es introducir todo el manojo en un recipiente lleno de agua fría.

BICICLETAS

Hibernación
Su bicicleta pasará el invierno en buenas condiciones si la cuelga, evitando así que se estropeen los neumáticos.

Pinzas para pantalón
Para evitar extraviarlas, cosa unos «automáticos» en la parte interior de su chándal, desde luego en el lado opuesto al plato de la bicicleta.

Neumáticos
Un inflado excesivo podría desequilibrarle.

BÍGAROS

Nada más cogerlos, lávelos con agua de mar o con agua muy salada durante unas dos horas.
A continuación, introdúzcalos en agua hirviendo a fuego fuerte durante un cuarto de hora; previamente habrá añadido al agua unas gotas de aceite para que se desprenda el opérculo.

BOCA A BOCA

Puede salvar la vida de una persona si le practica el boca a boca. Siga atentamente estas instrucciones:

1. Pase la mano por debajo del cuello de la víctima y desplace su cabeza hacia atrás. Con el pulgar y el índice de la mano libre, tápele la nariz y ábrale la boca mediante una ligera tracción.
2. Apoye su boca sobre la de la víctima e insufle con fuerza, controlando el levantamiento del tórax.
3. El socorrista inspira de nuevo, a cierta distancia de la boca del accidentado, para de esta forma evitar respirar el aire que éste espira.
4. Si se trata de un niño, el socorrista debe soplar simultáneamente en la nariz y en la boca.

La técnica correcta para restablecer la respiración, o reinstaurarla cuando se ha detenido, consiste en bombear el aire de nuestros pulmones a los del lesionado, de manera que provoquemos el aumento de volumen de la caja torácica. El aire que inspiramos contiene un 20 % de oxígeno y el aire espirado un 16 %. No consumimos más que el 4 % del oxígeno, y por esta razón el aire espirado contiene suficiente cantidad para el afectado.

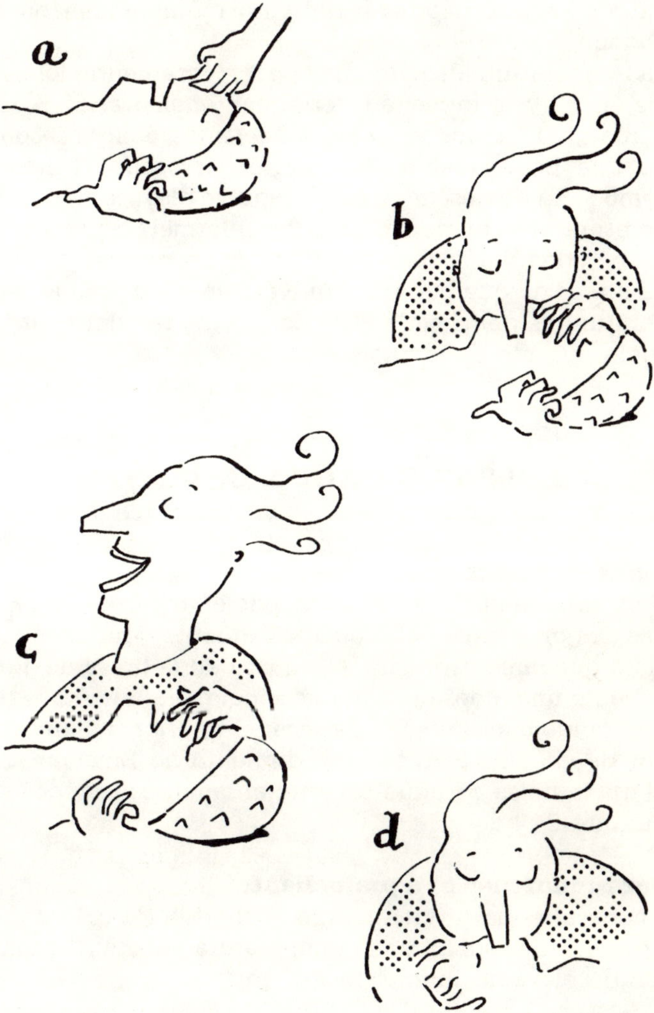

Práctica del boca a boca

BODEGAS

La conservación correcta del vino requiere una buena bodega.
La temperatura ideal de una bodega oscila entre los 12 y los 16 °C, y la humedad debe mantenerse al 65 %. Sin embargo, no todos tenemos la suerte de poder disponer de una bodega abovedada, aireada, oscura y fresca, como sería de desear. Si su bodega no alcanza ni la temperatura ni la humedad idóneas, refórmela agujereando las paredes, y disponga a lo largo de las mismas un tubo de aireación que permitirá que el aire circule. Si la temperatura es demasiado elevada, riegue regularmente el suelo durante el verano.

BOLSAS DE AGUA CALIENTE

Mantenimiento
Tras haberla utilizado durante todo el invierno, las paredes de goma de su bolsa de agua caliente tienen tendencia a quedarse pegadas. Introduzca en la bolsa de agua caliente una o dos cucharadas soperas de talco, tras haber tenido la precaución de secar el interior con un secador de cabello. Si este procedimiento no funciona, sumerja la bolsa de agua caliente en agua con mucha sal durante 24 horas.

Para mantener el agua caliente
Añada al agua hirviendo una cucharilla de café de sal gruesa, y de esta forma la temperatura del agua se mantendrá elevada durante más tiempo.

Para decorarlas
Confeccióneles una bonita funda de punto, de ganchillo

o incluso con un trozo de toalla de felpa que podrá cerrar con un lazo alrededor del tapón.

BOLSOS

De cocodrilo
Frótelos de vez en cuando con un trapo suave y limpio, empapado de unas gotas de aceite de oliva. Sáqueles brillo en seguida con un trapo suave que no deje pelusa.

De charol
Frótelos con la parte interior de una piel de plátano y, a continuación, sáqueles brillo con un trapo de lana limpio.

De serpiente
Frote las marcas de los dedos con un algodón empapado en agua oxigenada. Déjelas secar y posteriormente restregue el bolso con un trapo blanco limpio empapado de unas gotas de aceite de ricino. Sáquele brillo con un trapo suave que no deje pelusa.

BOMBILLAS

Para limpiarlas
En cuanto pierdan brillo, recuerde quitarles el polvo, cuando se hayan enfriado, por supuesto.
De vez en cuando, límpielas con un algodón empapado en alcohol de quemar.

Para perfumar una habitación ⇒ olores
Antes de encenderlas, ponga en el cristal de cada bom-

billa una o dos gotas de extracto de perfume, de lavanda, de jazmín, etc. El calor de la bombilla cuando esté encendida dispersará este suave olor por toda la casa.

BORLAS DE LANA

Son muy fáciles de realizar si dispone de dos círculos de cartón de la medida que prefiera, y los pega entre sí. En el centro de los mismos recortará un agujero circular. A continuación, los rodeará de lana con la ayuda de una aguja, pasando siempre la hebra por los dos agujeros, hasta que la superficie de los cartones esté totalmente cubierta. Corte entonces la lana introduciendo las hojas de las tijeras entre los dos círculos de cartón.

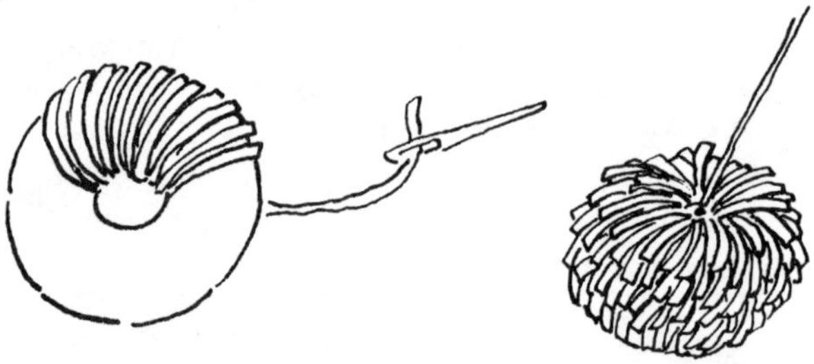

Rodee el centro de la borla con una hebra de lana muy apretada, dejándola de longitud suficiente para que la borla pueda colgar de ella. Podrá colocarla donde desee tras haber dado forma con los dedos a las hebras de lana, que adoptan la figura de bola con mucha facilidad.

BOTAS

Para evitar que se deformen
Si no tiene percha «cuelgabotas», introduzca en la caña de las mismas una botella de plástico vacía, o bien cuélguelas utilizando perchas «cuelgafaldas» o «cuelgapantalones».

De ante
Impermeabilícelas muy a menudo, ya que son muy delicadas. Elimine las marcas del uso con una esponja empapada en agua con jabón, y aclárelas sin mojarlas demasiado. Deje que se sequen y, a continuación, frótelas ligeramente con un papel de lija del n.° 00 para que se levante el pelo.

De cuero
Impermeabilícelas también, y engráselas muy a menudo.

De goma
Frótelas de vez en cuando con un algodón empapado en aceite de vaselina y, a continuación, sáqueles brillo con un trapo suave para que se conserven siempre como nuevas.

De punto
Aunque no son demasiado elegantes, le resultarán muy cómodas y le permitirán mantener los pies calientes en casa.
Empiece con 160 puntos en agujas n.° 2/1, y tricote con punto bajo hasta tener 15 centímetros. A continuación, con un ganchillo, levante 85 puntos alrededor del tejido y tricote cuatro vueltas de puntos apretados. Doble el rectángulo en dos y cósalo con puntadas apretadas. En la parte superior de la pierna, retome los puntos con el ganchillo y haga dos vueltas de puntos apretados. Pase una

cinta o una cadeneta en la que colgará dos pequeñas borlas de lana.

BOTELLAS DE PLÁSTICO ⇒ avispas

Para destruirlas
Páselas rápidamente por agua hirviendo y aplástelas. No obstante, tenga en cuenta que pueden tener diversas utilidades.

En el huerto
Corte el fondo y el cuello. Utilícelas para proteger de las babosas los tentadores brotes de las dalias, las lechugas y los gladíolos. Hundiéndolas ligeramente en la tierra, servirán de muralla.

Juego de bolos - muñecas
Puede pintarlas de colores vivos y rellenarlas de arena hasta la mitad. También puede cubrir la boca de la botella con una pelota de tenis recortada en la que habrá dibujado una cara, y pegado las orejas, la nariz, una barba y el pelo con hebras de lana. Sus niños estarán encantados.

BOTELLAS DE VIDRIO

Para romperlas
Podrá cortarlas fácilmente por el lugar que desee; bastan una cuerda fina, alcohol de 90° y una palangana de agua fría. Empape la cuerda en alcohol y rodee con ella la botella en el lugar por el que quiera cortarla. Apriete la cuerda muy fuerte, anúdela y, a continuación, préndale fuego. Sumerja inmediatamente la botella en la palan-

rar en ese sentido, gire en el sentido contrario y podrá terminar el agujero sin dificultad.

Para abrir botellas
Por razones de transporte, los tapones de las botellas de zumos de frutas están enroscados muy fuertemente. Para desenroscarlos sin esfuerzo ni riesgo de que se deterioren, utilice una pinza «multiusos» o un cascanueces. Ningún tapón, ni siquiera el más recalcitrante, se resistirá ante este procedimiento.

BRONCE ⇒ metales

Una bonita pátina
Prepare una cataplasma con 500 gramos de judías secas cocidas en dos litros de agua *sin* sal. Aplique este puré caliente en el objeto de bronce, déjelo secar y después cepíllelo y aclárelo con agua templada.

BRONCEADO

Si no quiere parecer una gamba, prepare su piel para las primeras exposiciones al sol. Dos semanas antes de comenzar sus vacaciones, beba diariamente un vaso grande de zumo de zanahorias. Durante los tres primeros días, expóngase al sol de forma progresiva, varias veces al día, evitando hacerlo en las horas de más calor, ya que en este caso no podría librarse de las quemaduras, que en algunas ocasiones son muy dolorosas. Además, se sentiría muy cansado, cosa que comprometería el objetivo de sus vacaciones. Las mejores horas para tomar el sol son antes de las 11 y después de las 15.30, así que organícese para poder aprovechar con moderación estos períodos. Sobre todo, no dude en aplicarse una crema protectora tantas veces como pueda; las arrugas que provoca el sol no desaparecen a la vez que el bronceado, sino que permanecen. A medida que empiece a ponerse moreno, puede acentuar sus baños de sol. Tómelos directamente, en la playa, junto a una pared blanca o muy cerca del agua, ya que de esta forma la luz reflejada duplicará la intensidad de los rayos ultravioletas en su piel. Tenga cuidado con el viento que suaviza momentáneamente los efectos del sol, pero que no por ello impide las quemaduras (que desde luego surgen cuando el viento se ha calmado).

BRÚJULA

Resulta indispensable poder disponer en cualquier momento de una brújula. Puede confeccionarla con un vaso de agua sobre el cual pondrá a flotar un delgado disco de corcho, en el que habrá pegado ligeramente una aguja de coser de acero imantada por frotamiento con un imán.

BUÑUELOS

Pasta para buñuelos

Ponga en un recipiente 200 gramos de harina y haga un agujero pequeño en el centro. Añada dos huevos, un poco de sal y una cucharadita de levadura. Remueva con una cuchara de madera, evitando que haya grumos. Cuando la pasta comience a formar una bola alrededor de la cuchara, añada poco a poco entre dos y tres vasos de leche, sin dejar de remover, hasta que la pasta adquiera la consistencia de una crema suave. Déjela reposar una hora aproximadamente. Ya sólo le falta hacer los buñuelos con flores de acacia, calabacines, saúco, frutas o verduras diversas, según la época del año.

CABELLO ⇒ gelatina - lavanda - miel - huevos - perejil - puerros - tila - té - vinagres

---

Cabello bonito
Tome vitaminas B_1, B_2 y B_3, que se encuentran en la levadura de cerveza, en los cereales completos, en las ciruelas y en los melocotones.

Cortarlo
Espere a que la luna esté en cuarto creciente, ya que así su cabello se engrosará y crecerá más deprisa.

Engrosarlo
Una mascarilla capilar natural para su cabello: mezcle 50 gramos de arcilla verde en polvo, cinco gotas de aceite de esencia de tomillo y cinco gotas de aceite de esencia de limón. Tras lavarse el cabello con un champú muy suave, aplíquese esta mascarilla durante 20 minutos. Acláreselo bien y ya puede proceder al marcado.

Una cabellera lisa y brillante
Ponga a hervir 20 bayas de enebro durante 20 minutos en medio litro de agua y déjelas macerar durante 24 horas. Aclárese el cabello con esta infusión tras habérselo lavado con un champú suave.

Luchar contra la caída
Dése un masaje en el cuero cabelludo con una infusión de té muy fuerte. En principio, si repite esta operación cada día durante una semana, la caída del cabello se detendrá rápidamente.

Brillo y volumen para su cabello
Añada una cucharada de cerveza al agua del último aclarado.

Bonitos reflejos pelirrojos
Aclare su cabello con una infusión muy fuerte de hojas de nogal (una docena).

Aclararlo
Evite el agua oxigenada, ya que afecta al cabello y hace que se rompa. En su lugar, aclávereselo después de cada lavado con una infusión fuerte de manzanilla (unas diez flores).

Cabello menos seco
Revitalizará su cabello con un baño de aceite de oliva media hora antes de lavárselo.

CABEZALES

Arpilleras
Para una adolescente, por ejemplo, pinte una arpillera en un tono más claro o más oscuro que el de las cortinas y la colcha. Extiéndala a la medida del cabezal y cuélguela con clavos pequeños. Coloque de la forma que más le guste flores de tela, pañuelos de puntillas, pendientes de aro y muñecos de peluche pequeños. Si prefiere otro estilo menos romántico, puede decorar la arpillera con una colección de gafas, de chapas, de llaveros, etcétera.

Cojines y almohadas
Forre con bonitas telas alegres y estampadas los cojines o almohadas que fijará en la pared con tiras de Velcro. Pegue una tira en la pared y otra en la almohada, por el lado de la costura.

Bambú
Clave en la pared un trozo de bambú, natural o barnizado, de la misma medida que la cabecera de la cama.

CAFÉ

Debe servirse muy caliente y, sobre todo, no debe recalentarse. Cuente con una cucharada sopera bien llena de café instantáneo por cada taza.

Para que se conserve
Introduzca el paquete en una caja metálica hermética, en un lugar muy fresco.

Para potenciar el sabor
Añada al café molido una pizca de sal.

Si ha hervido
Antes de servirlo, añada a la cafetera una cucharadita de agua fría.

Con el chocolate
Para que el chocolate del desayuno o de la merienda tenga aún mejor sabor, añada una cucharada sopera de café en su tazón.

En el jardín ⇒ rosales
Los posos del café harán que los pulgones huyan, si los coloca en montones pequeños al pie de los rosales.

Para evitar el mal aliento
Si ha comido un plato con mucho ajo, mastique unos granos de café y ya podrá decidirse a hablar sin el menor miedo.

CAJAS

Podrá confeccionar todo tipo de cajas, muy originales, en las que clasificar objetos pequeños o envolver los fulares y pañuelos de seda. La caja que le proponemos construir manualmente se sostiene perfectamente sin necesidad de cola, únicamente por la elasticidad de sus paredes dispuestas de forma adecuada. Si quiere pegarla, lo único que conseguirá es que sea más sólida. Descubrirá fácilmente cómo pegarla si observa y comprende el dibujo. A continuación le detallamos los distintos pasos a seguir:

1. Necesita seis rectángulos de cartón o de papel duro a los que dará la forma indicada levantando en forma de ángulo recto cada cartón, de manera que forme un cuadrado en el centro de cada uno de los rectángulos; los naipes sirven perfectamente, y también las tarjetas de visita e incluso las tarjetas de Metro.
2. Colocación de los tres primeros lados.
3. Colocación del cuarto lado.
4. Colocación del quinto lado.
5. Colocación del sexto lado.

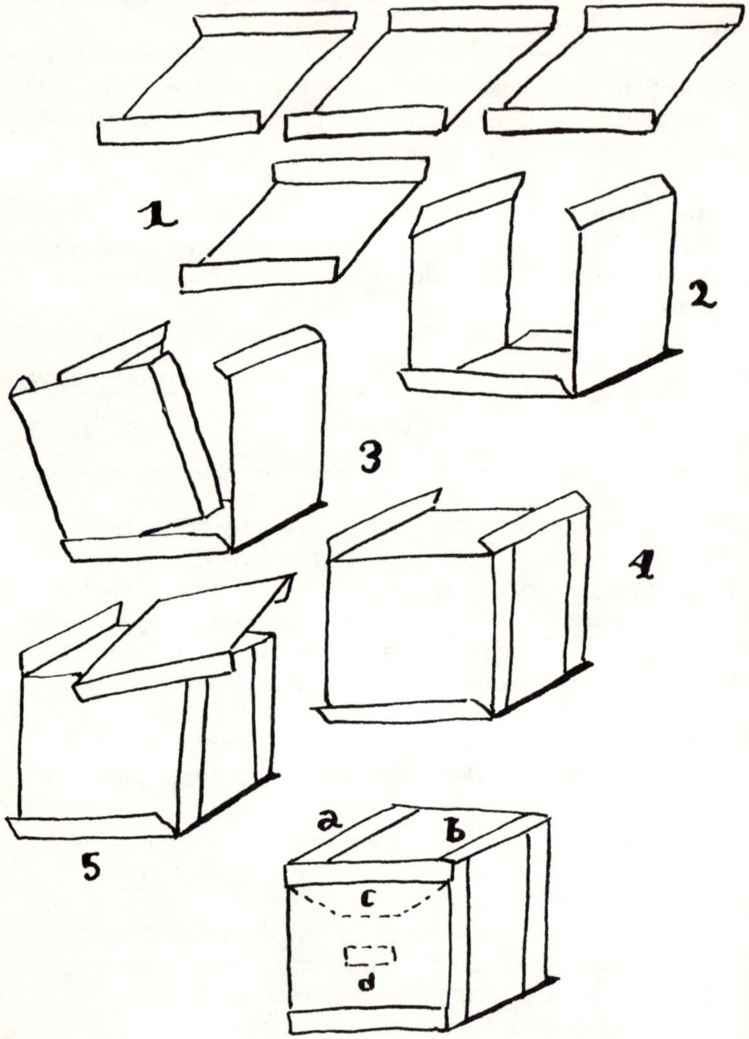
1
2
3
4
5
a
b
c
d

Si desea confeccionar una caja que pueda cerrarse, observe el último dibujo: doble y pegue en las paredes correspondientes las lengüetas *a* y *b*. Dé a la parte delantera de la tapa la forma que se indica en la figura, dibujando y recortando una lengüeta que podrá introducirse en una doble ranura *c-d*, que habrá practicado en el lado delantero. Es evidente que la parte trasera de la tapa deberá pegarse en la cara opuesta a la lengüeta.

CAJONES

Cajones recalcitrantes
Consiga que se deslicen sin dificultad pasando cera por las aristas de los lados, que previamente habrá lijado con papel de lija n.° 0, o bien unte dichas aristas con parafina.

CAL (DEPÓSITO DE)

Para evitar que la cal se deposite en las cazuelas donde cocina los alimentos, introduzca en el interior de las mismas una concha de ostra vacía. Ésta se encargará de acumular toda la cal.

CALABACINES

Para escogerlos
Si los compra en el mercado, asegúrese de que todavía están vellosos, ya que el vello es garantía de que son

frescos. Escójalos más bien pequeños y de color oscuro, con rayas algo más claras.

Su utilización o «modo de empleo»
Por una vez, evite a los calabacines la suerte del sacrosanto puchero. Hágalos en estofado con ramas de tomillo, al natural con el pescado al horno, en tarta salada, en buñuelos, en tortilla, fritos...

Flores de calabacín
Utilice las flores de calabacín para preparar buñuelos; son sencillamente deliciosos.

CALABAZAS

Confitura
Corte en dados la carne de una calabaza de unos dos kilos y medio. Déjela macerar toda una noche al fresco, en un recipiente con dos kilos de azúcar y el zumo de tres limones. Al día siguiente, vuelque toda la mezcla en un recipiente para confitura y añada un vaso de ron, si le gusta el sabor. Póngalo a hervir lentamente, sin dejar de remover, y déjelo cocer hasta que los dados de calabaza queden transparentes (unos 30 minutos). Introduzca la confitura en tarros.

Sopa
Prepárela con leche o con agua, como más le guste, y preséntela con dados de pan frito.

Decoración de Navidad
Corte la calabaza en dos a lo largo, vacíela y coloque en su interior velas.
Esta decoración es también muy práctica, ya que la cera fluye suavemente, evitando que los muebles se deterioren.

CALEFACCIÓN

Para evitar que se desperdicie el calor, calafatee puertas y ventanas con burletes. En un chalé, no dude en instalar cristales dobles.
Coloque hojas gruesas de aluminio detrás de los radiadores. El radiador difundirá mejor el calor sin consumir más gas o combustible.
Merece la pena mantener el termostato a una temperatura media constante, en lugar de provocar cambios bruscos de temperatura que originen el aumento del consumo.

CANGREJOS

Para que se conserven frescos
Para que se conserven frescos y con todo su sabor, envuelva los cangrejos en un trapo de cocina humedecido en sidra.

CARACOLES

Atención: Tenga en cuenta que en algunas comunidades autónomas existen especies de caracoles protegidas. Antes de salir a cogerlos, infórmese en el servicio de protección y gestión de la fauna de su comunidad autónoma.

Para esterilizarlos
Deje los caracoles en ayunas durante unos 6 días y, una vez transcurrido este tiempo, lávelos varias veces bajo el

grifo. Sumérjalos en agua hirviendo y déjelos cocer de cinco a diez minutos a partir de que el agua vuelva a hervir. A continuación, vuelva a aclararlos bajo el grifo. Sáquelos con cuidado del caparazón con un cuchillo de punta fina y corte la parte negra. Lávelos de nuevo frotándolos entre sí, de forma que desaparezca cualquier rastro de baba. Prepare un caldo muy fuerte (tomillo, laurel, un clavo, perejil, granos de pimienta negra, sal y un vaso de vino blanco seco), déjelo hervir durante 15 minutos y, a continuación, ponga los caracoles en el caldo para que hiervan durante hora y media. Introduzca los caracoles en tarros y cúbralos con el caldo, que previamente habrá filtrado. Esterilícelos durante dos horas.

Paté de caracoles
Machaque tres chalotes y cuatro dientes de ajo (a los que habrá extraído el germen) con 130 gramos de mantequilla y tres cucharaditas rasas de perejil cortado muy fino. Salpimiente.

Para salir del apuro
Si no puede servirlos en un «plato de caracoles», cubra el fondo de un plato normal con sal gorda o con hojas de papel de aluminio arrugadas.

CARAMELO

El caramelo quedará líquido si, cuando termine de hacerlo, le añade un chorro de zumo de limón muy caliente.

Proporción para conseguir un caramelo perfecto
Cinco terrones de azúcar por cada cucharada sopera de agua.

CARBÓN DE LEÑA

Para las flores
A menudo, el agua de los jarrones en los que ha colocado un bonito ramo de flores toma un color muy feo y, lo que es todavía peor, huele muy mal. Introduzca un trozo de carbón de madera en el jarrón y conseguirá además que sus flores se conserven frescas durante mucho más tiempo.

En el frigorífico ⇒ olores
Suprimirá cualquier olor desagradable por muy tenaz que sea, si coloca en el frigorífico un pequeño trozo de carbón de madera. Haga lo mismo en cada bandeja del congelador.
Sin embargo, no hay duda de que lo mejor es prevenir los malos olores, es decir, envolver cada producto con papel de aluminio.

Para las aves y la caza
Para que se conserven mientras están en adobo, introduzca un trozo pequeño de carbón de madera en el vientre del animal, desde luego después de haberlo vaciado.

CARDENAL EN LA UÑA

Caliente la punta de una aguja de coser y colóquela sobre la uña amoratada. La aguja perforará ligeramente la uña, provocando una pequeña hemorragia, pero el dolor desaparecerá enseguida. Tape la uña con un esparadrapo para evitar irritaciones.

CAREY

Para limpiar un objeto de carey
No utilice nunca agua. Si está muy sucio, frótelo con un trapo empapado en alcohol de 90°.

Para pulirlo
Frótelo con un mezcla compuesta por 20 gramos de piedra pómez y la misma cantidad de glicerina, y sáquele brillo con un trapo seco que no deje pelusa.

Si el objeto está agrietado
Pásele una capa de aceite de vaselina, siguiendo el sentido de las vetas del carey.

CARNES

Conservación en el frigorífico en un recipiente hermético:
–Asado de buey: dos días.
–Carne picada: varias horas.
–Carne cocida: tres días.
–Despojos: un día.
–Plato preparado con carne: dos días.
Tiempos de cocción:
–Asado de buey: 15 minutos por cada medio kilo.
–Cocido: tres horas a fuego lento.
–Asado de ternera: 30 minutos por cada medio kilo.
–Escalopa de ternera: siete minutos por cada lado.
–Ternera en salsa: 35 minutos por cada medio kilo.
–Lengua de ternera: dos horas y 20 minutos.
–Pierna de cordero: diez minutos por cada medio kilo.
–Guisado de carnero: 90 minutos.
–Asado de cerdo: 40 minutos por cada medio kilo.

CARNES DE CAZA

Conejo y liebre

Como en el caso de las aves de caza, no los pele hasta el último momento, sin vaciarlos. Si los envuelve en un trapo y los coloca en la parte baja del frigorífico, se le conservarán varios días.

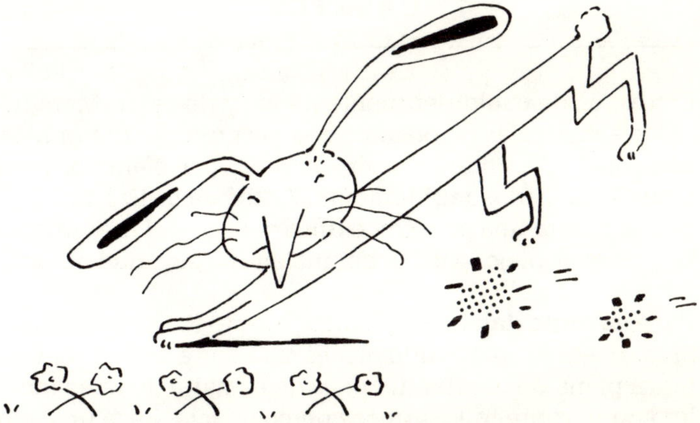

Venado

Se pone en adobo de cinco a ocho horas como máximo, dependiendo del gusto de cada uno. Añada al adobo unos trozos de tocino cortados finos.
Cuando vaya a cocinarlo, rocíe abundantemente el trozo de carne con el adobo. Cuente con que un trozo de venado asado requerirá aproximadamente una hora para su cocción.

CARTONES

En el huerto
El cartón también puede formar parte del estiércol y del abono compuesto. Pertenece a los materiales de origen vegetal o animal, como las cenizas de madera, el carbón de madera, los posos del café, la hierba cortada, etc.

CASETES

Protéjalas de cualquier fuente de luz y de calor. Manténgalas en las cajas de plástico que las protegerán también del polvo. Clasifíquelas por géneros, por ejemplo, para poder localizarlas rápidamente. Antes de utilizarlas, golpéelas contra una superficie dura para que el mecanismo se afloje, o mejor aún rebobínelas a velocidad rápida.

Para arreglarlas
Si la casete se ha partido, necesitará cinta adhesiva, una pinza plana de depilar, un poco de esmalte de uñas incoloro pero, sobre todo, ármese de paciencia. Pase un poco de barniz por los dos extremos de la cinta y coloque uno sobre otro. También puede apoyar en una mesa un trozo pequeño de cinta adhesiva transparente mate, sobre la cual pegará los dos extremos rotos, apretando fuertemente con el dedo o con un trapo.

CASIS

Licor de casis blanco
La receta de licor de casis que se realiza con los frutos es

muy conocida pero ¿sabe la de casis blanco, que se prepara con las hojas? Las dos recetas siguientes son incomparables.

Para un litro de licor
Coja en primavera un puñado grande de brotes de casis muy tiernos. Póngalos a macerar durante un mes en un litro de aguardiente de frutas de 40°. A continuación, añada 500 gramos de azúcar. Vuelva a esperar durante un mes, fíltrelo y pruébelo. Mueva de vez en cuando la botella para que el azúcar no permanezca en el fondo. Le sorprenderá el delicado aroma de este licor.

Aperitivo de hojas de casis
Ponga a macerar durante un mes 250 hojas de casis en un litro de vino tinto de 12° con 15 terrones de azúcar. Fíltrelo. Si añade además un vaso de aguardiente de fruta, cuente con otros diez terrones de azúcar.

Salud
Muy rico en vitamina C, el casis casi nunca se consume fresco, sino en mermelada o en almíbar. La hoja en infusión alivia el reumatismo y los dolores de estómago, y devolverá el color a sus mejillas después de una noche de fiesta.

CASTAÑAS

Para que se conserven
Se conservarán intactas en arena muy seca.

Para pelarlas
Sumérjalas durante cinco minutos en agua hirviendo a la que habrá añadido una cucharada de aceite. La primera piel saldrá muy fácilmente.

Para congelarlas
Prepare un puré de castañas al natural y colóquelo en recipientes pequeños en el congelador. Cuando quiera utilizarlas, deje que se descongelen durante un día o una noche en el frigorífico y, a continuación, bata este puré con un poco de leche, de agua o de crema de leche, para que se airee.
También puede congelar castañas peladas y enteras, que acompañarán muy bien a la carne de faisán y a los asados de ternera o de cerdo.

CAVAS

Si la botella está empezada
Desde luego, no podrá volver a introducir el corcho. En ese caso, meta el mango de una cucharilla en la boca de la botella, y el cava no estará desbravado al día siguiente.
Una botella equivale a unas seis copas o flautas.
Prefiera las flautas a las copas, ya que el cava permanecerá burbujeante durante más tiempo.

CAZUELAS

De aluminio ⇒ aluminio

Para que tarden más en ennegrecerse
Antes de utilizarlas por primera vez, hierva en ellas leche.

Para que no se ennegrezcan
Frote el interior de las cazuelas con un puñado de hojas de ruibarbo o de acedera y aclárelas bien con agua co-

rriente. Además, no olvide añadir al agua de cocción de las verduras un chorro de zumo de limón.

De acero inoxidable
No las frote con estropajo metálico, ya que se rayarían.

Con fondo de cobre
Tampoco las raye. Frote el fondo con un poco de sal mezclada en una cucharada de vinagre.

De esmalte
Si se le ha pegado el asado en el fondo de la cazuela, llénela de agua y échele medio vaso de lejía. Deje que la lejía actúe durante toda la noche y, por la mañana, aclare abundantemente.

Olla de hierro
Si se ha pegado el fondo, utilice estropajos jabonosos de hebras de acero, que no rayan. No se oxidará si la pone a secar al fuego. Aproveche el momento en que no la utiliza para untar su interior con un poco de aceite de cocina.

CEBOLLAS

Para no llorar
Pélelas bajo el grifo, en una palangana llena de agua, en el interior de una bolsa de plástico o también colocándose en la boca una cerilla, con el fósforo hacia fuera, por supuesto.

Para que no se rompan
Para que mantengan su forma redonda en la cazuela, pínchelas previamente con una aguja de punto del nº. 2. Haga lo mismo con las cebollas rellenas.

Mantenimiento de los cuadros
Gracias a sus propiedades químicas, la cebolla es muy útil para limpiar las manchas superficiales que se depositan en los cuadros. Frote suavemente la tela con una rodaja grande de cebolla, que obviamente irá cambiando en cuanto esté sucia.
Puede repetirse la misma operación tantas veces como sea necesario.

Para eliminar los insectos de los muebles
Corte una cebolla en dos y frote con ella el mueble que esté atacado por los insectos. Repita este procedimiento durante varios días seguidos. El líquido que desprende la cebolla repele los insectos.

Para suprimir el óxido
Corte una cebolla en dos y frote con ella los objetos que se hayan oxidado (filo de un cuchillo, de una tijera, de una hoz).

Crudas
Para que las cebollas crudas sean más digestivas, córtelas en rodajas, espolvoréelas con sal fina y déjelas reposar aproximadamente durante media hora para que suelten el líquido. Aclare después las rodajas y séquelas cuidadosamente.

Sopa
Cuando ponga las cebollas a dorar, espolvoréelas con un poco de azúcar. Se dorarán más rápidamente, sin quemarse.

Salud
Tanto si se consume cruda como cocida, esta verdura es un diurético excelente. Después de haberlas consumido, mastique unos granos de café para evitar el mal aliento.

CEPILLOS

Cepillo de dientes
Debe limpiarlo regularmente, aclararlo después de haberlo utilizado y colgarlo para evitar que el polvo se instale en las cerdas. De vez en cuando, no dude en introducirlo rápidamente en agua con un poco de lejía. En cualquier caso, se aconseja cambiar de cepillo cada tres meses.

Cepillo de cabello
Saque diariamente los pelos a su cepillo, ya que no hay nada más desagradable que encontrarse pelos sucios en un cepillo. Lávelo cada semana mientras se enjabona el cabello. Póngalo a secar sobre un trapo, con las cerdas hacia abajo.

Cepillo de zapatos
Algunas veces está cubierto de betún. Sumérjalo en un baño de agua tibia a la que habrá añadido una buena dosis de lejía. Aclárelo con agua fría y déjelo secar, con las cerdas hacia abajo.

CERAS

Para ablandarlas
Diluirlas con un poco de leche o unas gotas de limón.

Para encerar un mueble ⇒ muebles
Para encerar un mueble al modo antiguo, funda cera incolora o de color y, a continuación, dé una capa con un pincel. Deje que se seque completamente y sáquele brillo con un trapo de lana.

CEREZAS

Para deshuesarlas
Utilice una horquilla de cabello cuyos dos extremos pinchará en un tapón de corcho. Teniendo cuidado de no derramar el zumo, introduzca el bucle de la horquilla en el rabo de la cereza, y el hueso saldrá sin dificultad.

Con aguardiente
No se arrugarán si las pincha con una aguja de bordar.

En pastel
Utilice cerezas azucaradas para los pudines, que le darán mejor resultado que las cerezas agridulces.

Licor de huesos
Conserve los huesos de las cerezas y lávelos cuidadosamente.
Cuando haya reunido unos 300 o 400 gramos, envuélvalos en un trapo limpio y rómpalos con la ayuda de un martillo. Introdúzcalos en un tarro y cúbralos con alcohol de frutas. Deje macerar el contenido durante tres meses. Fíltrelo y prepare un jarabe con 500 gramos de azúcar por cada litro de zumo de huesos que haya obtenido.

Salud
Guarde los rabos de las cerezas y póngalos a secar, ya que obtendrá de ellos excelentes infusiones diuréticas para el invierno.

Cosecha abundante
Si su cosecha de cerezas es abundante, puede introducirlas en tarros, esterilizarlas, al natural o con aguardiente, colocarlas en el congelador para que decoren los postres en invierno, hacer mermeladas, etc. Pero también puede secarlas, como los albaricoques, en el horno muy suave, durante una hora el primer día, dos horas el segundo día

y tres horas el tercer día. También puede secarlas al sol, en una bandeja de mimbre. Por la noche póngalas en un lugar seco. Una vez deshidratadas, puede cocerlas, como las ciruelas pasas o los albaricoques.

CERILLAS

Húmedas son inservibles
¡No se ponga nervioso! Remoje el fósforo de la cerilla en esmalte de uñas, espere unos segundos y, a continuación, podrá utilizarlas.
También puede colocar la caja en el horno tibio.

Para evitar que las cerillas se humedezcan
Coloque en el interior de la caja la tapa de un tubo de medicamentos dotado de una cápsula antihumedad; a continuación, envuelva la caja con papel de aluminio, y ¡ya está!

CERVEZA

Para el pescado
Si se ha quedado sin harina, pase ligeramente el pescado por cerveza antes de freírlo.

Para las plantas verdes
Pase por las hojas de las plantas verdes un algodón empapado en cerveza rubia y quedarán muy brillantes.

Una mancha ⟹ manchas
Si ha derramado la cerveza sobre el mantel o se ha manchado la ropa, páselos rápidamente por agua tibia y la mancha desaparecerá enseguida.

Una piel suave
Pase cada mañana un algodón empapado en cerveza por su cara, déjela actuar durante tres minutos y aclárese con un tónico. Su piel se mantendrá siempre suave y fresca.

CINTURONES

Para tenerlos siempre a mano, ordénelos en su armario. Pegue en el interior de la puerta un colgador provisto de la máxima cantidad de ganchos posible, o bien clave con dos ganchos una varilla de cortina de ducha.

CIRUELAS Y CIRUELAS PASAS

La ciruela, muy rica en magnesio, en potasio y en calcio,

contiene también vitaminas A, B y C. Pierde todas sus cualidades si no se consume muy carnosa, tierna y sobre todo fresca.
Frescas, contienen unas 16 calorías por cada 100 gramos.
Secas aportan unas 300 calorías por cada 100 gramos. Pero como además son laxantes, diuréticas y depurativas, consúmalas en cantidades razonables.
Vigile a los niños; de cuatro a seis frutas diarias son suficientes.

Para atenuar el acné
Mezcle el zumo de seis ciruelas con una cucharada de café de zumo de limón. Límpiese la cara con un algodón empapado en esta loción durante una semana, por la mañana y por la noche, y observará una clara mejoría. Continúe con el tratamiento.

Ciruelas pasas
Son muy ricas en vitamina A y contienen mucho hierro. No dude, por ejemplo, en añadirlas en la merienda de los niños.

Para que conserven el sabor
Antes de cocerlas, sumérjalas en un té ligero.

Para los adultos... pero sin abusar
Llene dos terceras partes de un tarro de ciruelas pasas muy carnosas (sin lavar) y cúbralas con aguardiente. Déjelas macerar unas dos semanas y pruébelas. ¡Son deliciosas!

CISTERNAS

Si la cisterna pierde agua
1. Desmonte la tapa y verá un flotador hueco que,

cuando asciende a medida que la cisterna se llena, cierra la entrada del agua.

2. Si al levantar el flotador el agua deja de escaparse, lo que está mal acoplado es el flotador, así que debe ajustarse al grifo de entrada de agua.

Si el agua continúa escapándose mientras mantiene el flotador lo más alto posible, lo que está defectuoso es el grifo. Desmóntelo, cámbiele la juntura y habrá solucionado su problema.

CLAVOS Y TORNILLOS

Sepa escoger los clavos: de cabeza plana, de cabeza redonda..., de acero, de cobre, etcétera, de la medida y del grosor deseados.
Los clavos deben ser gruesos para las maderas blandas, y delgados para las maderas duras; para no agrietar las planchas delgadas, se deben despuntar ligeramente.

Tornillos imantados
Para facilitar el manejo del destornillador, magnetice antes los tornillos. Para ello, coloque un imán en la caja de los tornillos. Transcurrido cierto tiempo, los tornillos magnetizados se sostendrán por sí mismos en el extremo del destornillador.

Para evitar que la madera se agriete
Introduzca los clavos al bies. Si la pieza que va a clavar es bastante grande, colóquelos en tresbolillo.
Para no golpearse los dedos
Sujete el clavo con dos planchas de madera.
Clavo en una pared
Opte por los clavos de acero.
Clavo en el yeso
Moje el clavo; el óxido que se formará hará que se mantenga en su sitio.

Clavo en una madera muy dura
Antes de introducirlo, haga un agujero en la madera.
Sacar un clavo del yeso
No estire del clavo ya que arrancaría parte de la pared. Haga girar el clavo sobre sí mismo con unos alicates.
Sacar un clavo incrustado en la madera
Evite estropear la madera interponiendo entre la misma y la herramienta una cuña pequeña.

Para tapar los agujeros
Rellene los agujeros de los clavos que quedan en la pared con un poco de pasta dentífrica. Repita la operación hasta que la pasta tape completamente el agujero.

Para sujetar un tornillo
Si no dispone de taco, unte con cola el tornillo y el agujero correspondiente.

Para atornillar
El tornillo se enroscará fácilmente si antes lo atornilla en una pastilla de jabón.

Para destornillar
¿No consigue destornillar un tornillo oxidado? Caliente el extremo del destornillador durante uno o dos minutos, y el tornillo cederá rápidamente.

A propósito de los tornillos
Podemos distinguir los tornillos para madera y los tornillos para metales.
Para atornillar dos trozos de madera, coloque la pieza más delgada encima. Si la madera de la segunda pieza es dura, hágale previamente un pequeño agujero con la máquina de taladrar.

Tornillo que tiene juego
Saque el tornillo, agrande el agujero y coloque un taco. Evalúe la longitud y recórtelo al tamaño que precise; úntelo con cola y colóquelo en su lugar con un sacaclavos.

Déjelo secar y vuelva a introducir el tornillo como si no hubiese pasado nada.

Tornillo que no sale

No insista demasiado para que no desaparezca la forma en cruz de la cabeza. Más bien al contrario, intente atornillarlo todavía más y quizá pueda desbloquearlo. Le proponemos que:

- intente dar unos martillazos suaves en el destornillador, que habrá situado a un lado de la cabeza del tornillo.
- caliente la cabeza con un soldador.
- caliente simplemente el extremo del destornillador durante uno o dos minutos.
- utilice una máquina de taladrar provista de una broca de acero.

Apretar un tornillo al máximo (o aflojarlo)

Apoye verticalmente una mano en el mango del destornillador; con la otra mano, sostenga la hoja del mismo entre las mordazas de una llave inglesa.

COBRE ⇒ metales

Para que no se ennegrezca

Dé a los objetos de cobre una mano de barniz incoloro.

Para conseguir una pátina bonita

Sumerja sus objetos de cobre en el agua de cocción de los champiñones. Adquirirán una pátina menos brillante.

Para desoxidarlo

Si está realmente sucio, pásele un pincel que habrá mojado en un producto desincrustante. Déjelo secar, procurando mantenerse alejado de los nocivos vapores que desprende. Aclárelo con una esponja mojada y déjelo secar. A continuación, use un producto especial para cobre.

Para que conserve el brillo ⇒ acedera
Una vez limpios, vaporice los objetos con laca.

Para devolverle el brillo
Frote los objetos de cobre con un trapo empapado en limón.

COCHES

Para evitar el vaho
En el campo, cuando surjan las primeras nieblas, pase un trapo empapado en amoníaco por el parabrisas, los vidrios y los retrovisores. La niebla no empañará el parabrisas.

Antihielo
Proteja el radiador con una hoja de aluminio. Frote los parabrisas delantero y trasero con un trapo empapado en sal fina, que impedirá que el hielo se deposite.

En el limpiacristales
Sustituya el agua por un producto para los cristales.

Las gomas de las puertas y de las ventanillas
Evitará que se agrieten si las unta con un poco de glicerina antes del invierno.

Neumáticos

Desconfíe de los neumáticos mal hinchados: hacen que el coche no responda tanto a la aceleración y que, en consecuencia, consuma más gasolina. Procure, pues, que los neumáticos estén bien equilibrados.

Parabrisas helado

Lo deshelará con rapidez si lo frota enérgicamente con una pierna de leotardo repleta de sal gruesa.

COJINES

Conserve todos los trozos de tela que le sobren; pueden servirle para confeccionar un cojín de una sola pieza o a parches. Hay que tener en cuenta que un cojín se ensucia muy deprisa. Así pues, para poderlo lavar con facilidad, haga una primera funda con trozos pequeños de tela o incluso con leotardos usados, que rellenará con miraguano. Esta primera funda puede confeccionarse con trozos de trapos usados o fundas de almohadas. Cúbrala con un trozo de tela de su elección, cosiendo tres lados a máquina. En la cuarta costura, cosa una hilera de automáticos o una banda de Velcro, así podrá sacar la funda con facilidad.

COLADORES

Para desalar

Podrá desalar las carnes y pescados si los coloca en un colador con pie, introducido en un recipiente lleno de agua. La sal se depositará en el fondo del recipiente. Cambie el agua dos o tres veces.

COLAS

Cualesquiera sean los tipos de cola, he aquí las normas de empleo básicas:

Las partes a unir deben estar totalmente limpias; la porcelana y la loza pueden limpiarse con un pincel; las piezas metálicas deben limpiarse con un pincel y no deben tener grasa; la madera debe estar totalmente limpia y, si es preciso, cepillada.

Si las partes a unir son demasiado lisas, se les puede proporcionar rugosidad con papel de lija. Debe evitarse todo rastro de agua o de humedad; por lo tanto, seque las piezas de metal antes de pegarlas (caliéntelas ligeramente y deje que se enfríen de nuevo).

Evite el exceso de cola.

Si no tiene un aparato para mantener unidas las partes a encolar, puede utilizar:

–Cinta adhesiva (Cello o cinta aislante).

–Un torniquete de alambre o de cuerda, o el nudo de trincafía.

–Un barreño lleno de arena húmeda, que podrá ser útil para colocar los objetos, facilitando que se mantengan en la posición que le resulte más conveniente.

Si tiene que arreglar una fuente o un plato, le aconsejamos que proceda a repararlo en varias veces; en cada operación, sólo pegará algunos trozos. Puede utilizar el barreño de arena mojada y hundir la fuente o el plato en la arena, por la parte que hayan quedado intactos. Puede utilizar cola de impacto, que pega casi instantáneamente; mantenga el objeto entre las manos durante los segundos necesarios para que quede unido.

Principales tipos de cola:

–Celulósicas: en polvo o ya preparadas para el papel pintado.

–Polivinílicas: colas blancas que necesitan que las piezas se presionen con fuerza, y que se utilizan para carpintería de interiores; se secan en varias horas.

–Colas de contacto (con neofreno): para pegar los enchapados y los revestimientos estratificados; se secan muy rápidamente.
–Colas de resina epóxido o de doble componente, que incluyen dos productos envasados en tubos distintos: el adhesivo y el endurecedor. Permiten pegar hierro + hierro, hierro + mármol, vidrio + madera, madera + madera, etcétera, pero no plástico. Consulte el modo de empleo.
–Colas para plástico: debe tener en cuenta que hay muchos tipos de plástico. No todas las «colas para plástico» pegan todos los plásticos.
–Colas para tela: a base de látex, no manchan los tejidos.
–Colas cianoacrílicas: pueden utilizarse para casi todo, salvo para materiales porosos. Con una fuerza de presión de 300 kg/cm^2, es una cola milagrosa. Tenga cuidado con su piel, con los ojos y con los vapores que desprenden.
Nota: puede fabricarse usted mismo una cola ideal para el papel pintado, mezclando bien agua y harina hasta conseguir una pasta de consistencia semilíquida.

Masillas

Todo el mundo conoce la masilla de cristalero pero, sin embargo, se conoce poco cualquier otro tipo de masilla que puede resultar muy útil. Entre ellas están las masillas metálicas, que permiten tapar los agujeros en las chapas o incluso rehacer las partes que faltan en una estructura metálica, o bien tapar un escape en una tubería. Estos productos, realizados con resinas sintéticas, se presentan en envases de dos componentes y se secan muy deprisa.
Las masillas para madera se aplican con espátula, y sirven para rellenar las grietas o incluso para reconstruir algunas partes que faltan.
También están las masillas impermeables para las junturas de las bañeras y de los lavabos, para rellenar las grietas de las terrazas, etcétera. Estas masillas se utilizan en la construcción.

COLES

Para reducir la acidez
Añada al agua de cocción una bola grande de miga de pan bien aplastada y uno o dos terrones de azúcar.

Para atenuar el olor ⇒ olores
Esta exquisita verdura desprende durante la cocción un olor persistente. Atenúelo colocando en la tapa de la cazuela un trozo grande de algodón empapado en vinagre o en zumo de limón.

Receta de col rellena muy digestiva
Escoja una col grande bien redonda, escálfela (de tres a cinco minutos) y sáquele el corazón. Prepare el relleno, que dorará rápidamente en la sartén. Llene el corazón e intercale el relleno entre las hojas grandes. Átela una primera vez rodeando la col con rebanadas grandes de pan redondo. Átela de nuevo y cuézala al horno. Retire el pan cuando vaya a servirla. Cocida con las rebanadas de pan, habrá perdido la acidez y será muy digestiva.

COLIFLORES

Prevea de 200 a 300 gramos por persona.

Más digestivas
Quedarán muy blancas y serán más fáciles de digerir si añade al agua de cocción el zumo de medio limón y un terrón de azúcar.

En el huerto
Para evitar encontrarse orugas cuando vaya a lavarlas, recójalas por la noche.

CONGELACIÓN

Nunca vuelva a congelar un producto que ya se haya congelado. En todo caso, opte por cocerlo; de esta forma, podrá volver a congelarlo.

El pan

Antes de congelarlo, pregunte a su panadero si había congelado la masa con la que ha preparado el pan. Si es así, su pan se deshará en migas en cuanto lo descongele, lo cual no sería en absoluto apetecible.

Los platos cocinados

No los almacene en el congelador hasta que estén completamente fríos. Cuando los prepare, no los sale demasiado y tampoco los cueza en exceso, ya que se quedarían hechos una papilla en cuanto los descongelase.

Las verduras

Algunas verduras, como por ejemplo las endibias, las coliflores, los espárragos, las coles, etcétera, deben escalfarse antes de congelarse, para evitar que se ennegrezcan. Una vez escalfadas (de tres a cinco minutos), sumérjalas en agua muy fría para neutralizar las enzimas, responsables de la mala conservación de los alimentos. Cuando escalfe verduras que tienen tendencia a ennegrecerse, añada en el agua el zumo de un limón o una cucharada sopera de vinagre de alcohol.

CONGELADOR

Para descongelarlo muy deprisa

No espere a que el hielo alcanze un grosor de tres centímetros para descongelarlo. En primer lugar, desenchufe el aparato y vacíe su contenido (que colocará en el frigorífico). Utilizando el secador de cabello, dirija el calor hacia las paredes y el hielo, que caerá en forma de placas. A continuación, con la ayuda de una pala pequeña, recoja el hielo desde el fondo del aparato. Limpie las paredes con una esponja empapada en agua con vinagre. Seque el aparato, vuelva a enchufarlo y espere 30 minutos antes de volver a colocar los productos.

Corte de luz

Si su congelador se ha detenido a causa de un corte de luz o de un apagón, no se preocupe demasiado: los alimentos no comenzarán a descongelarse hasta transcurridas unas 24 horas. Sobre todo, no abra la puerta. Debe saber que cuanto más lleno esté su aparato, menos consumirá, y los alimentos permanecerán congelados durante más tiempo en caso de corte de fluido eléctrico.

CORBATAS

Por norma general las corbatas no se planchan, ya que quedarían totalmente aplastadas.

Para ordenarlas
Colóquelas en el interior de la puerta de un armario, donde estarán protegidas del polvo y no se arrugarán. Procúrese una varilla de resorte, forrada de plástico blanco, que colocará con dos alcayatas. Si no, simplemente coloque sus corbatas en la barra de una percha que previamente habrá forrado de espuma, para evitar que la varilla les deje marcas.

CORTINAS

Para que recuperen su blancura
Las cortinas se ponen amarillas muy deprisa, sobre todo a causa del humo del tabaco. Recuperarán su blancura inicial si añade al agua del aclarado tres paquetes de levadura.

Para que no se arruguen
Aclárelas con agua fría, sin retorcerlas. También puede centrifugarlas en la lavadora, a velocidad mínima. Cuélguelas cuando todavía estén húmedas y se estirarán por sí solas.

Para localizar el emplazamiento de los ganchos
Cuando haya encontrado la colocación definitiva de los ganchos, márquelos con una pequeña pincelada de esmalte de uñas de color.

Imposible sacar los ganchos
Introduzca el galón de la cortina, con los ganchos, en un guante de aseo. Átelo con una goma.

Para introducir una barra de cortina en el dobladillo
Coloque un dado en el orificio de la barra.

Para que no se vea el cordón de fruncido
Reparta bien los pliegues, anude los cordones en cada extremo, corra los cordones hacia la mitad de la cinta fruncidora y haga un nudo.

COSTURA

Botones
No se arriesgará a cortar la tela en la que está cosido el botón si, para descoserlo, introduce el botón entre las púas de un tenedor.

Mangas
Si se decide a coserse usted misma la ropa, puede encontrar dificultades a la hora de montar las mangas. En ese caso, pase un hilo de embastar alrededor de la manga. Tire de él ligeramente para que se formen unas pequeñas arrugas. Ya sólo le queda adaptar la longitud de las mangas a las dimensiones exactas de las sisas.

Dobladillos
Cuando alargue un vestido, haga desaparecer la marca del dobladillo anterior cosiendo sobre el mismo un embaste de puntadas grandes. A continuación, planche la tela con un trapo mojado por ambos lados. Retire el hilo de embastar y planche otra vez. La marca habrá desaparecido completamente.

Para cortar una cortina ⇒ cortinas
Las cortinas de nailon o de tergal siempre resbalan al tacto, lo que convierte en difícil cortarlas rectas. Basta con tirar dos hilos a la altura deseada y cortar por este lugar. Realice el mismo procedimiento si se trata de un dobladillo.

CREMALLERAS

Norma general
Durarán más tiempo si se acostumbra a cerrarlas antes de lavar la ropa, y así no se combarán.

No se volverán a bajar
Ate en la lengüeta de la cremallera un hilo recio, o incluso un sedal de pescar, que pasará por el botón de la cintura del pantalón.

No volverán a atascarse
Si la cremallera se ha bloqueado, no la fuerce. Frótela por ambos lados con una vela blanca.

CREPES

Una comida a base de crepes es ideal cuando se invita a los amigos, o para sustituir la cena del domingo por la noche.
Deje reposar la pasta durante unas 2 horas, y de esta forma quedará mejor y será más ligera. Conseguirá que sus crepes sean más suaves si la pasta es bastante líquida. Prepárelas con antelación y sólo le faltará rellenarlas y servirlas en el último momento. Para mantenerlas calientes, colóquelas en una hoja grande de papel de aluminio e introduzca también entre cada crepe una tira del mismo producto; así no se pegarán. Envuélvalas e introdúzcalas en el horno caliente. También puede colocarlas entre dos platos, uno de los cuales introducirá en una cazuela con agua que se mantenga en ebullición.

CRISTALES

Para limpiarlos

No los limpie al sol, ya que quedarían marcas por todo el cristal. Frote los cristales con alcohol de quemar (o vinagre) y papel de periódico, y a continuación séquelos con un trapo que no deje pelusa.

CUADROS

Mantenimiento

Quite el polvo a la parte trasera del cuadro, que tan a menudo se olvida. Compruebe regularmente la solidez del bramante del que están colgados. A continuación, limpie el vidrio del cuadro con alcohol de 90° o de quemar. Para los ángulos utilice bastoncillos de algodón.

Para evitar que se inclinen

Pegue en cada una de las cuatro esquinas de la parte trasera del cuadro un trozo pequeño de espuma o una rodaja de corcho.

Para reavivar los colores

Frote suavemente la tela en círculos con una cebolla cortada en dos, a la que a medida que se ensucie deberá realizar otros cortes.

Grabados

Las moscas manchan especialmente los bordes de los grabados. Límpielos con un algodón empapado en agua oxigenada.

Para evitar las marcas

Sus cuadros no volverán a dejar huellas en las paredes si

clava una chincheta por la parte de dentro de las dos esquinas inferiores. Así, las esquinas no tocarán la pared y el polvo no podrá acumularse detrás.

CUBITOS

Para depilarse las cejas
Antes de depilarse las cejas o el vello que afea la parte superior del labio, pásese un cubito por la zona a depilar, lo cual la insensibilizará y evitará los tirones.

Para sacar una astilla
Ponga en la zona dolorida un cubito, que actuará como un anestésico. Entonces podrá retirar fácilmente la astilla. Desinfecte enseguida.

Para que no le pillen desprevenido
Si organiza una fiesta o una recepción, prepare cubitos e introdúzcalos en bolsas en la bandeja para el hielo del frigorífico o en el congelador.

Para que tarden más en derretirse
Colóquelos en un recipiente bonito, un bol de cerámica por ejemplo, y cúbralos de agua con gas.

CUBOS DE BASURA

Si protege su cubo de basura con una bolsa de plástico y envuelve los desperdicios con papel (de aluminio, por ejemplo), conseguirá atenuar los malos olores. Lave el cubo de basura regularmente con agua y jabón, y después aclárelo con agua a la que le habrá añadido un poco de lejía.

CUCHARAS DE MADERA

Las hay de formas muy variadas y resultan muy decorativas en la cocina. Son indispensables para que las salsas cuajen. Téngalas siempre a mano colocadas, por ejemplo, en un bote de gres.

CUCHILLOS

De plata oxidada
Póngalos toda una noche a remojo en aceite. Al día siguiente, frótelos con vinagre caliente al que se habrá añadido sal gorda. Aclare con abundante agua y seque.

De acero oxidado
Frótelos con una tela esmeril empapada de un poco de aceite, o con un tapón de corcho mojado en zumo de limón.

Para afilarlos
Con afilador: manipule el cuchillo como si se tratase de un lápiz al que quisiera sacar punta, pasando asimismo toda la longitud del filo por el afilador y procediendo siempre del interior al exterior.
Con piedra de afilar: el movimiento es inverso, ya que hay que emplear y deslizar la piedra por el filo del cuchillo, que sostendremos con la mano izquierda, de izquierda a derecha.

De acero inoxidable
Son inoxidables, como su nombre indica. No utilice productos abrasivos para frotarlos, ya que se arriesgaría a rayarlos.

Mangos de hueso
No los deje nunca en remojo; lávelos con una esponja. Si el mango se pone amarillo, frótelo con agua y un poco de amoníaco.

CUERDAS

Paquete bien atado
Antes de atar un paquete, moje la cuerda. Al secarse, quedará más apretada y sujetará mejor el paquete.

Una alfombrilla de cocina
Procúrese tres ovillos grandes de cuerda cruda y haga con ella una trenza. Cosa la trenza progresivamente, formando un círculo o un óvalo, con una aguja grande o una aguja curvada, que le facilitará el trabajo. Esta alfombrilla tiene la ventaja de poderse lavar bajo el grifo.

CUERO ⇒ maletas ⇒ asientos

Restauración
Los objetos de cuero que han quedado abandonados durante años pueden restaurarse.
Asegúrese de que el color del cuero es indeleble: con un trapo mojado en agua caliente y jabón, frote el cuero en un lugar que no esté a la vista. Si el color del cuero se mantiene, puede trabajar sin preocuparse.

Mezcla a emplear
Tres partes de aceite de ricino y dos partes de alcohol de quemar. Extienda esta mezcla con un trapo y espere 24 horas. Frote con un trapo empapado en aceite de ricino, y después continúe haciéndolo con un trapo seco.

Utilice con moderación una grasa especial para el mantenimiento del cuero. Éste debe quedar totalmente flexible, y las manchas se quitarán con una ligera aplicación de gasolina (cuidado con el color) o de esencia de trementina. Los rasguños y las zonas peladas deberán tratarse previamente con un colorante adecuado, que habrá probado en un lugar que no esté a la vista.

Mantenimiento
Cuide sus objetos de charol empapando en leche un trapo suave. Otro modo de conservar el cuero consiste en utilizar un trapo mojado en un huevo batido a punto de nieve; en efecto, la albúmina que contiene el huevo absorbe el polvo sin dejar manchas ni ronchas.

CHANTILLÍ

Cómo hacerlo
Deje la crema de leche en el frigorífico hasta el último momento. Bátala con seis cucharaditas de agua helada y 50 gramos de azúcar.

Para aligerarlo
Añada al chantillí una clara de huevo muy batida a punto de nieve.

CHICLE

Para recuperar un objeto
Si se le ha caído un objeto en el sifón del lavabo, recuperarlo es muy sencillo: pegue un chicle blando en el extremo de una aguja de punto y prepárese para la captura. ¡Hay que tener siempre chicle en casa!

Mancha
No es en absoluto sencillo retirar un chicle que se ha pegado en la ropa o en la moqueta. Ponga encima del mismo un cubito, que hará que se endurezca, y después rásquelo con un cuchillo.

Mientras espera al fontanero...
Si la junta del grifo ha fallado: corte el agua, seque bien la tubería en el lugar donde está el escape y pegue en él un chicle masticado. Al secarse, tapará el escape momentáneamente.

CHIMENEAS

Para empezar bien el fuego
Coloque en primer lugar unas bolas de papel de periódico y ponga encima maderas pequeñas o astillas. Cuando éstas se empiecen a consumir, coloque en el fuego un trozo de leña de madera ligera y blanda, que prenderá rápidamente (álamo, tilo, abedul) y, a continuación, dos o tres leños de madera más densa, que tardará más en quemarse y hará que el fuego se mantenga durante más tiempo (roble, ojaranzo, haya). Si así lo desea, añada un trozo de madera ligera que origine bonitas llamas. Utilice madera seca para que la habitación no quede rápidamente invadida por el humo.

Para perfumar la habitación
Arroje en el hogar unas ramas de tomillo, de lavanda, pieles de naranja o piñas, teniendo cuidado con las pavesas. Proteja el parqué y las alfombras con un parallamas.

Mantenimiento de los accesorios
Espere que los morillos y las placas de la chimenea se hayan enfriado totalmente antes de limpiarlos. Con las manos enguantadas, frote los accesorios con un trapo

empapado en petróleo y, cuando la capa negra haya desaparecido, sáqueles brillo con un poco de aceite.

Deshollinamiento
En algunos países es obligatorio una vez por año y debe realizarlo un profesional, ya que, en caso de siniestro, su compañía de seguros exigirá ver la factura del deshollinador.

CHOCOLATE

Para rallarlo
Lo conseguirá muy fácilmente con un cuchillo económico (de los de pelar verduras). Los copos que obtenga serán muy decorativos en los pasteles. También puede utilizar el rallador de zanahorias.

***Mousse* de chocolate**
Conseguirá mejorarla si funde el chocolate al baño María añadiéndole media cucharadita de café soluble.

Mancha
Frote suavemente la tela manchada con un poco de zumo de limón, teniendo la precaución de colocar un trapo de algodón debajo de la tela.

CHUCRUT

Prepárelo usted mismo
Escoja las coles blancas y bien prietas. Límpielas y córtelas en tiras muy finas. Coloque en el fondo de un recipiente de gres unas hojas de col enteras y espolvoréelas con sal. Cubra este fondo con una capa de col cortada y

espolvoree algo de sal. Añada una hoja de laurel, 15 bayas de enebro y otros tantos granos de pimienta. Apriételo hasta que la superficie se moje de salmuera. Añada otros 10 centímetros de col, los condimentos, y repita la operación hasta que le falten unos 10 centímetros para llegar al borde del recipiente. Tápelo con un trapo blanco y con una plancha de madera de la misma forma que el recipiente, sobre la cual colocará un peso. Póngalo al fresco hasta el día siguiente. Saque entonces la salmuera que flota y llene el recipiente de agua hasta el borde. Repita la operación los dos días siguientes y déjelo reposar al fresco durante dos meses. Desale la col con agua durante una noche antes de consumirla.

DESODORANTES

Los productos que se venden en las tiendas no siempre se toleran bien. Sustitúyalos poniéndose unas go-

tas de limón en cada axila por la mañana, después de ducharse. Este desodorante natural funciona tan bien como cualquier producto y resulta mucho más económico.

DISCOS

Antes de cada audición, límpielos con un cepillo especial o, si no dispone de uno, con un leotardo usado. Ordénelos en un lugar donde estén bien protegidos de cualquier fuente de calor (por ejemplo, radiadores, sol, etcétera).

Cocine con música

La cara de un disco de 33 revoluciones corresponde al tiempo de cocción de un kilo de espárragos o de judías verdes, así que puede combinar sus aficiones.

Para colocarlos

Siempre deben colocarse en vertical. Para evitar que los discos se inclinen y, en consecuencia, se deformen por el peso, coloque en la estantería un trozo de espuma sintética o de cartón ondulado, aunque este último es menos efectivo, ya que se rompe con bastante rapidez.

Para quitarles el polvo

Una mezcla de agua destilada y alcohol de 90° al 50 % limpia el vinilo, aunque origina chasquidos difíciles de eliminar.

Para no desordenarlos

Los niños podrán colocar los discos en su estante respectivo, sin riesgo de equivocarse, si pega en el estante y en cada disco un adhesivo del mismo color.

DOCUMENTOS ADMINISTRATIVOS

Cuánto tiempo conservarlos
Aunque a veces no sea necesario un plazo tan dilatado, le proporcionará ciertas ventajas.
Toda la vida: libro de familia, cartilla militar, cartilla de la caja de ahorros, certificado de matrimonio, sentencia de divorcio, diplomas, cualquier documento relativo a un accidente laboral, testamentos, actas de donación, de compras o de ventas de cualquier bien inmueble u obra de arte (cuadros, esculturas, joyas...), permiso de conducir, todo lo relativo a la salud: (informes médicos, radiografías, informes de operaciones, cartilla de vacunación de los niños, pensiones civiles o militares).
En el momento de la liquidación de su retiro le serán indispensables las hojas de salario y los contratos de trabajo. En caso de que no se haya declarado a un empleado, puede justificar la declaración de sus impuestos (consérvelas).
Veinte años como mínimo: matrices de cheques, extractos bancarios y resguardos postales.
Diez años como mínimo: todo lo relativo a cualquier construcción que haya podido realizar y las facturas de las obras y reparaciones efectuadas.
Cinco años: los comprobantes de pago o de recibo de pensiones alimentarias. Todo lo relativo a los impuestos: notificaciones, cartas certificadas y cualquier comprobante de sus pagos.
Traspaso de un arrendamiento, estado de las viviendas y abandono del alquiler cinco años después de haberse trasladado.
Dos años: facturas de la electricidad, teléfono, agua, primas de seguros con todos sus comprobantes de pago. Resguardos de poderes y de transferencias.
Un año: garantías de los electrodomésticos y otros aparatos suelen durar un año, en algunas ocasiones seis meses.

Facturas de los hoteles y de compras por correspondencia.
Infórmese sobre los plazos de mantenimiento, ya que pueden modificarse con mucha frecuencia y no existen reglas generales en lo relativo a la duración del servicio de mantenimiento de muchas piezas que utilizamos a menudo.

Para ordenarlos
Clasifique estos documentos por orden cronológico y apartado, en portafolios que puede introducir en una carpeta clasificadora tipo acordeón. Anote en la parte superior de cada departamento el contenido del mismo. Así, cuando los necesite, los encontrará fácil y rápidamente.

Documentos oficiales
Tenga la precaución de fotocopiar su permiso de conducir, su póliza de seguros, el carné de identidad, el pasaporte, el libro de familia y la cartilla de vacunación de sus hijos.
Estas fotocopias no tendrán valor alguno de cara a la Administración, pero si tiene que denunciar su robo, pérdida o tiene que renovarlos, le resultará más sencillo.

EDREDONES Y MANTAS

Por razones de higiene, deben limpiarse o lavarse dos veces al año, antes y después del invierno. En verano ocupan mucho espacio, así que introdúzcalos en fundas con unas bolas de naftalina. Si no tiene sitio, siempre puede colocarlos entre el somier y el colchón. En este caso, introduzca entre los pliegues unas bolas de algodón empapadas en esencia de lavanda, de pino o de tomillo. Al estar delicadamente perfumadas, las polillas no caerán en la tentación.

ELECTRICIDAD

Interruptores
Localizará inmediatamente los interruptores en medio de la oscuridad si les pasa una capa de pintura fluorescente (se vende en frascos pequeños en cualquier droguería).

Arreglárselas con una palmatoria
Corte una botella de plástico vacía a unos 10 centímetros por debajo del cuello y quédese sólo con la parte superior que, si le da la vuelta, estará lista para que le introduzca una vela del mismo diámetro que el cuello de la botella.

ENDIBIAS

Sepa escogerlas
Deben ser muy blancas y estar bien cerradas. Calcule cuatro endibias grandes por persona.

Para evitar el amargor
Póngalas a cocer en agua hirviendo, salada, a la que se habrá añadido un chorro de limón y dos terrones de azúcar. Quedarán muy blancas, dulces y conservarán todo el sabor.

Dietética
Cómalas cocidas. Cocínelas al natural en una sartén que no se pegue. Lávelas y córtelas en dos a lo largo. Póngalas en la sartén, tápelas bien y deje que se cuezan a fuego lento. Retire el agua cuando estén medio cocidas.

EQUIVALENCIAS

Si no tiene una balanza doméstica a mano, consulte la tabla siguiente:

	Una cucharada sopera	**Un vaso de agua**
Mantequilla	20 g	–
Harina	15 g	150 g
Crema de leche	15 g	180 g
Sémola	15 g	–
Fécula	15 g	200 g
Leche	15 g	180 g
Aceite	15 g	180 g
Agua	18 g	200 g
Sal	25 g	180 g
Azúcar	20 g	180 g
Arroz	25 g	200 g

ESCALERAS

Impida que resbalen colocando debajo de cada pata un trozo de neumático usado.

ESCOBAS

Escobas de plástico
Después de utilizarlas, quíteles el polvo. Unas dos veces por año, lávelas con agua tibia y jabón; a continuación, aclárelas con agua a la que se habrá añadido un poco de

vinagre y déjelas secar cabeza arriba. Como cualquier escoba, nunca deben apoyarse en el suelo sino colgarse.

Escobas de paja
Se mantendrán flexibles si las remoja de vez en cuando en agua salada. Debe utilizarlas normalmente en ambas direcciones y el deterioro quedará mucho más repartido.

Fregonas
Introdúzcalas de vez en cuando en agua con lejía.

ESMALTE DE UÑAS

Para que tarde más en descascarillarse
Píntese las uñas por la mañana cuando se despierte, antes de mojarse las manos. El esmalte se adhiere perfectamente a las uñas que están completamente secas. Tras aplicar la segunda capa de esmalte, espere entre cinco y ocho minutos antes de pasar las manos por el agua fría. Este procedimiento fija y resalta el brillo del esmalte.

Lo que no se debe hacer
No aproveche el momento en que está echada al sol para aplicar esmalte a las uñas, ya que el resultado sería totalmente desastroso. La laca se espesaría inmediatamente, proporcionando un aspecto granulado a sus uñas.

Para conservarlo intacto en su frasco
Colóquelo en el cajón de las verduras del frigorífico y no se secará.

Para licuar un esmalte espeso
Añada al frasco dos o tres gotas de alcohol de 90°, y agítelo bien antes de utilizar el esmalte.

ESPÁRRAGOS

Por persona
Cuente con unos ocho espárragos grandes.

Para pelarlos
Se aconseja pelarlos en lugar de rasparlos: podrá degustarlos sin tener que retirar hebras fibrosas.

Para cocerlos
Sumérjalos en agua hirviendo, envueltos en un trapo blanco, con las yemas hacia arriba.

Para que se conserven de dos a tres días
Déjelos en el manojo, corte los tallos de uno a dos centímetros y, a continuación, colóquelos en una jarra llena de agua para que no se sequen.

ESPINACAS

Sepa escogerlas
Cómprelas muy verdes. Prevea de 300 a 400 gramos por persona. Por cada kilo de espinacas frescas, obtendrá 300 gramos de espinacas hervidas.
Tiempo de cocción: en agua, 10 minutos; estofadas, 20 minutos.

Para la ropa de lana
Los jerséis negros un poco viejos recuperarán el brillo si los lava en agua en la que haya cocido espinacas.

Belleza
Para que desaparezcan los herpes, aplíquese sobre ellos una pequeña cataplasma de puré de espinacas durante

10 minutos, dos veces al día, hasta que desaparezcan totalmente.

ESPONJAS

Naturales
Las esponjas suaves que se utilizan para bañar a los bebés se deshacen enseguida. Intente que le duren más tiempo remojándolas de vez en cuando en agua salada. Tras aclararlas con agua dulce, no las retuerza; escúrralas apretándolas en el hueco de las manos.

Vegetales
Lávelas con cierta frecuencia en la lavadora, introducidas en un guante de baño. Desengráselas metiéndolas en agua con un poco de lejía.

Sintéticas
Resultan muy eficaces para trabajos duros, limpieza de paredes, de coches y también para quitar los pelos de los animales que han caído en la alfombra o sobre la ropa.

ESPEJOS

Para limpiarlos
Ninguna mancha enturbiará su reflejo si los frota con un trapo impregnado en alcohol de quemar. A continuación, sáqueles brillo con un trapo suave que no deje pelusa.

Mantenimiento
Quíteles el polvo regularmente con un trapo suave.

Para evitar el vaho
Después del baño o de la ducha, los espejos quedan cubiertos de vaho. Hágalo desaparecer inmediatamente con el chorro caliente del secador de cabello.

ESTAÑO ⇒ metales

Para reavivarlo
Caliente un poco de cerveza, empape con ella un trozo grande de algodón y frote con él sus objetos de estaño. El resultado le sorprenderá.

Para limpiarlo
Tras haberlo lavado y secado, frótelo con un trapo empapado en petróleo.

Si está muy sucio
Úntelo con una clara de huevo batida a la que habrá aña-

dido una cucharada sopera de lejía y déjelo actuar durante unas horas. A continuación, pase por encima de esta cataplasma un poco de aceite, déjelo actuar media hora y sáquele brillo con un trapo suave.

ESTRAGÓN ⇒ vinagres

Para aromatizar el vinagre

Elija una botella grande de vinagre de vino dotada de un tapón de corcho. Ábrala con delicadeza, intentando no agujerear el tapón, e introduzca en ella dos grandes ramas de estragón. Vuelva a cerrarla y espere dos meses. Su vinagre aromatizará delicadamente las ensaladas y *crudités*.

Para que se conserve

Lave rápidamente las ramas y póngalas a secar entre dos papeles de los usados en cocina, o mejor utilice un secador de cabello. Colóquelas en el congelador. Al día siguiente, introdúzcalas en un recipiente o en una bolsa de plástico. De esta forma podrá disponer en todo momento de ellas para sus salsas y guisos.

Para el pollo

Cambiará totalmente de sabor si lo rellena con un puñado de estragón.

Aceite al estragón

Utilice un tarro grande que tenga tapón de corcho. Ponga en él uno o dos litros de aceite de cacahuete o de girasol de primera calidad. Añada un manojo grande de estragón fresco, dos cucharaditas de sal marina gruesa, dos dientes de ajo grandes cortados en dos (a los que previamente habrá extraído el germen) y de cuatro a seis clavos. Déjelo macerar más de un mes. Fíltrelo si lo prefiere, pero también puede utilizarlo tal cual.

ESTREÑIMIENTO ⇒ higueras

Algunos trucos fáciles y sin peligro: camine por lo menos una hora diaria y coma verduras y frutas. Boca arriba, en la cama, dése masajes en el abdomen fuertemente para desentumecerlo por completo.
Dé saltos todas las mañanas, sobre una alfombra de goma, procurando caer sobre los talones e intentando destensarse completamente (no deben hacerlo las personas con columna vertebral frágil).

ETIQUETAS ⇒ velas

La etiqueta de un paquete puede borrarse a causa de la lluvia o de la intemperie; para asegurarse de que se conservan en buen estado, frótela con una vela, después de haber escrito la dirección, desde luego.

FIESTA EN EL JARDÍN

Instale tablones grandes en caballetes y cúbralos con manteles de papel que sujetará con pinzas. Decore las mesas con flores del jardín, que colocará preferentemente en jarrones macizos y estables, colocando además unas piedras en el fondo.

Composición de un bufé clásico
Haga canapés salados (de un pan de molde salen unas 30 rebanadas que, para más facilidad, pedirá al panadero que se las corte a máquina). Puede hacer los canapés salados, por ejemplo, con jamón, salmón ahumado y

una rodaja de limón, queso, huevo duro decorado con una aceituna verde o negra, un trozo de anchoa o una rodaja de tomate, paté de sardinas, una rodaja de salchichón, chicharrones finos, paté y pepinillos, huevas con un trocito de limón o de tomate, espárragos pequeños, etcétera.

Puede comprar tartaletas que rellenará con mantequilla y láminas de gruyère, paté de gambas, hojas de lechuga con trocitos de tomate y mayonesa.

También puede ofrecer rodajas de asado frío acompañadas de verduras crudas cortadas en trozos (zanahorias, ramos de coliflor, ramas de apio, rábanos y hojas de lechuga).

Para los golosos, pequeñas pastas blandas y secas, rellenas de frutas (cuente alrededor de 80 a 100 piezas por kilogramo).

También puede ofrecer fruta fresca y frutos secos (almendras, albaricoques, avellanas, nueces, dátiles, higos, y ciruelas).

Como bebida, cuente con dos aperitivos por persona, media botella de vino tinto, tres copas de cava, uno o dos cafés, cuatro o cinco vasos de zumos de fruta (sin contar el de los niños) y agua mineral fresca.

Pinche con palillos de madera en manzanas o pomelos unas aceitunas negras o verdes, y en un manojo pequeño de rábanos trozos de gruyère o champiñones crudos.

Ofrezca una única bebida, por ejemplo una sangría, y preséntela en cuencos grandes o en jarras. No olvide comprobar que esté siempre fresca. Si no, bastará con una o dos cajas de botellas de vino tinto de poca graduación. Evite las mezclas, sobre todo si hace mucho calor.

Reparta por la mesa servilletas de papel o papel absorbente, platos y vasos de papel y cubiertos normales o de plástico.

Sobre todo no olvide colocar varios ceniceros, y su césped se lo agradecerá.

Evite la invasión de mosquitos al atardecer colocando cerca de la mesa macetas de geranios y trozos de algodón empapados en esencia de limón o de lavanda. No escatime en cestas de mimbre, ya que servirán para depositar desperdicios, servilletas sucias, etc.

Otra forma de recibir más relajada
Cada invitado se servirá por sí mismo.
Coloque en la mesa ensaladeras llenas de arroz, sémola, lentejas, huevos duros, cuencos con verduras crudas, tomates cortados, pimientos morrones cortados en trozos grandes y aceitunas negras y verdes. Ponga también cuencos muy estables de vinagretas aromatizadas de distinta forma. Coloque en bandejas embutidos enteros, patés y pepinillos, pollos troceados o asados ya cortados. Presente la fruta, los huevos y las patatas fritas en cestas de mimbre, y los tomates y la fruta dentro de una o dos coles vaciadas (que además harán que se conserven frescos durante más tiempo).
Como zumo de frutas, exprima naranjas, limones y pomelos. Ponga el cóctel obtenido en jarras de barro que mantendrá frescas con una buena cantidad de cubitos. Añada trozos de fruta en el zumo.
Si desea ofrecer vino, elija un tinto de poca graduación que colocará en jarras de barro. También puede ofrecer café frío.

FLORES

Para cogerlas
Córtelas por la mañana temprano, cuando todavía están cubiertas de rocío, ya que así se conservarán durante más tiempo.

Cuando están un poco marchitas
Recuperarán su frescura si añade al agua del jarrón una o dos aspirinas o algún otro medicamento contra el dolor de cabeza.

Para que el agua se conserve limpia ⇒ carbón de leña

Los tallos de las flores no se descompondrán si pone en el agua unas gotas de lejía.

Para que conserven el color

Ponga en el jarrón un terrón de azúcar. El azúcar alimentará a las flores, que conservarán su colorido durante más tiempo.

Flores de manzano en Navidad

En diciembre, consiga unas ramas de manzano o de cerezo y colóquelas en un jarrón lleno de agua. El calor del ambiente de la casa hará que se abran y obtendrá un fantástico ramo de Navidad.

Belleza
Haga usted mismo el aceite de flores de lis poniendo a macerar durante un mes un puñado grande de flores en medio litro de aceite de almendras dulces. Fíltrelo e introdúzcalo en un frasco. Aplíquese este aceite revitalizador en la cara y en el cuello al menos una vez por semana.

Crisantemos
No corte los tallos con las tijeras, sino con las manos. De esta forma, las flores absorberán mejor el agua y por lo tanto se mantendrán frescas en el jarrón durante más tiempo.
Introduzca un trozo de carbón de madera en el agua para evitar que los tallos se descompongan.

Rosas
Aplaste un centímetro del extremo de los tallos, disuelva una aspirina y un terrón de azúcar en el agua del jarrón, y sus rosas se conservarán durante mucho más tiempo.

Mimosas
Podrá conservarlas algunos días más si las introduce en agua tibia.

Tulipanes
Son fantásticos cuando adoptan diversas formas alrededor del jarrón. Sin embargo, si los prefiere rectos siga el siguiente método: apriételos en una o dos hojas de periódico húmedo durante una hora, antes de ponerlos en el jarrón.

Claveles
Para que la flor se mantenga recta, pegue un trozo de cinta adhesiva en uno o dos centímetros alrededor del tallo.

FLORES SECAS

Para hacer ramos
Corte las flores cuando se hayan abierto del todo, bajo el sol del mediodía, cuando la humedad ya se ha evaporado. Cuélguelas formando ramos pequeños, cabeza abajo, en un local muy aireado y seco (un garaje o un desván, por ejemplo). Cuando estén bien secas, colóquelas en ramos.

Para que se conserven
Este método va muy bien para las hortensias, magnolias y para las hojas duras, como las del roble o las del árbol de Judea.
Corte unas ramas bonitas con muchas hojas y aplaste, sin machacarlos, unos tres centímetros del extremo de los tallos. A continuación introdúzcalos en un tercio de glicerina y dos tercios de agua muy caliente durante dos semanas.
De esta manera, las hojas se conservarán durante todo el invierno.

Popurrí
Coloque en un cesto de mimbre diversos pétalos de flores (lis, lirio, rosa, peonía, lavanda, etc.). Déjelos secar en un lugar aireado y protéjalos del sol, que dañaría su colorido. Muévalos de vez en cuando. Cuando estén completamente secos, introduzca los pétalos en unos bonitos frascos o en recipientes de cristal. Colóquelos en el borde de la bañera o en los armarios, y difundirán un delicado perfume.

Laca para sus flores
Vaporice sus flores secas con laca de cabello y conservarán sus vivos colores durante más tiempo.

FRAMBUESAS

La frambuesa tiene más vitaminas que la fresa. Es rica en calcio, en hierro y en fósforo, y además en almíbar es un magnífico reconstituyente.

Para desalojar a los insectos
Una vez cogidas, coloque las frambuesas en una ensaladera, que cubrirá con un trapo húmedo durante cuatro o cinco horas. Los insectos se quedarán pegados en el trapo y podrá degustar la fruta sin llevarse una sorpresa.

Belleza
Durante la temporada de las frambuesas, no dude en pasarse cada mañana por la cara un algodón empapado en zumo de frambuesa. Es un buen reconstituyente para la piel y retrasa la aparición de las arrugas.

FREIDORA

Para limpiarla
Vacíela y, a continuación, esparza en su interior un puñado grande de harina, que absorberá el aceite acumulado en el fondo y en las paredes.

Para evitar que salte el aceite
Ponga en el aceite de freír una rama de tomillo y un poco de sal gorda.

Para que el aceite de freír se conserve siempre limpio
En cuanto termine de usar la freidora, ponga en el aceite todavía caliente una clara de huevo. Ésta se ex-

tenderá mientras se fríe, llevando a la superficie todos los desperdicios.

FRESAS ⟹ vinagres

Para que conserven el aroma
Serán más aromáticas si las coge bajo el sol. No les quite el rabo para lavarlas, ya que el agua se infiltraría y reduciría el aroma de la fruta.

Dietética
La fresa es, junto con la cereza, una de las pocas frutas de verano permitidas en los regímenes de adelgazamiento. Tiene pocas calorías (45 calorías por 100 gramos), es rica en hierro y en calcio, y su zumo es diurético.

FRIGORÍFICO ⟹ olores

Necesita mantenimiento de modo regular. Limpie las paredes y las parrillas con agua caliente y jabón y aclárelas con agua fría y vinagre. Aplique un poco de talco en la goma. Si lo descongela, vigile que el tubo de desagüe no esté obstruido.
Recuerde también limpiar de vez en cuando el polvo de los condensadores, para facilitar la salida del aire.
Coloque en las parrillas medio limón para evitar los malos olores.
No introduzca en el frigorífico comida que todavía esté caliente.

Las bandejas del hielo
No se quedarán pegadas si las seca bien antes de colocarlas en el congelador, o si coloca debajo una hoja de

papel de aluminio y/o algunos granos de sal gruesa.

Para eliminar los olores
Coloque en el frigorífico, en una parrilla o en el compartimiento interior de la puerta, un trozo de carbón de madera.

FRUTA

Orejones
Los orejones son las dos mitades de una fruta, albaricoques, nectarinas, ciruelas, a las que habrá extraído los huesos. Congélelos colocándolos en una bandeja en el congelador. A continuación, introdúzcalos enseguida en bolsas. Si los prepara como se lo aconsejamos, no se pegarán entre sí y sólo tendrá que coger la cantidad que necesite en cada ocasión.

FRUTOS

En botella (pera)
En el momento en que el fruto comienza a formarse, introdúzcalo en el cuello de una botella. Cuélguela en un árbol, atándola a la rama en la que crece el fruto, que engordará y madurará en el interior de la misma. Cuando la pera tenga un buen tamaño, córtela de la rama, retire la botella del árbol y llénela de alcohol de fruta de 40°. Déjela macerar de cuatro a cinco meses antes de probar el licor.

En el huerto
Los parásitos no estropearán los frutos si, cuando empiecen a formarse, los envuelve con una bolsa de plástico

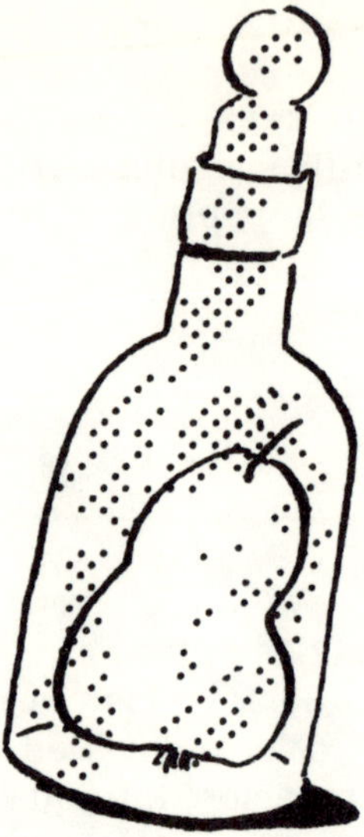

agujereada por diversos puntos, para que el aire pueda circular. En cuanto el fruto comience a crecer, sostenga la bolsa con un cordón, que no debe apretar demasiado.

FUEGO SIN CERILLAS

Si se encuentra en la necesidad de hacer fuego sin cerillas, encendedor o cualquier otro producto químico que puede encenderse espontáneamente, cosa que puede sucederle, si en alguna ocasión se encuentra perdido en una zona desértica, existen tres métodos, que conozcamos nosotros, para hacer fuego.

El sílex y la yesca
Se requiere un gran sílex, desprovisto de ganga, un trozo de hierro o de acero como la parte que no corta del filo de un cuchillo o un trozo de herramienta. La yesca deberá

estar totalmente seca y deberá girarse hacia el lado esponjoso. Golpee el sílex hacia el exterior y de arriba abajo para conseguir chispas, y continúe golpeándolo de esta misma forma durante el tiempo necesario hasta que una chispa caiga sobre la yesca, que empezará a consumirse lentamente.
Todavía queda lo más difícil: en cuanto la yesca haya «cogido» bien, sople por encima muy suavemente para que la combustión se extienda hasta convertirse en una placa rojiza, de la longitud de una moneda grande. Acerque entonces progresivamente unas ramas muy secas de diámetro más grueso. Conseguirá por fin una llama que tendrá que proteger y alimentar con mucho cuidado (por lo menos al principio).

La lupa y el sol

Se necesita una lupa de 100 milímetros de diámetro, con un focal de unos 40 centímetros y... el sol: los rayos de sol que concentra la lupa tienen calor suficiente para encender un pequeño montón de ramas secas. Atención, *debe tener cuidado.* Le recomendamos que sea extremadamente prudente, ya que puede desencadenarse un incendio forestal con gran rapidez.
En verano, no es raro ver siniestros provocados por la reflexión de los rayos solares en cascos de botellas, que algunos excursionistas despreocupados dejan por el suelo. Los faros de las motos o de los ciclomotores aparcados cerca de la maleza, apuntando hacia el sol, también suponen un peligro importante.

El encendedor giratorio

Los indígenas australianos utilizan este método, que consiste en hacer girar un trozo de madera muy dura entre las palmas de la mano. El «encendedor» cava, en un trozo de madera más blanda sobre la que gira, un agujero que se rellena de un polvo fino, el cual acaba consumiéndose provocando un humo negruzco que anuncia el éxito de la operación. Actúe como lo haría con la yesca, soplando suavemente sobre esta primera «brasa», que irá alimentando progresivamente hasta obtener una verdadera llama.

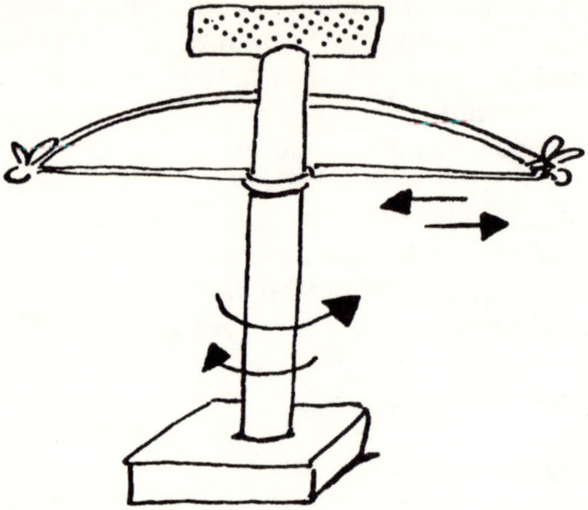

GAFAS

Las varillas no se saldrán si coloca una gota de esmalte de uñas incoloro sobre los tornillos que las sujetan.

GAMBAS

Para cocerlas
Las gambas frescas quedarán de color rosado si añade un trozo de cebolla en el agua de cocción.

Gambas con ajo
Póngalas vivas en la sartén, con un trozo grande de mantequilla, para que salten. Salpimiente y añada dos dientes de ajo picados. Es un procedimiento cruel pero el resultado es realmente exquisito.

GARRAFAS

De cristal
Son muy frágiles y se ensucian enseguida. No deje nunca vino tinto en su interior, ya que quedarían manchas en el cristal. Lávelas con agua caliente y añada al agua del aclarado un chorrito de vinagre, que disolverá la cal y hará que las garrafas brillen. Déjelas escurrir unos minutos, boca abajo, antes de secarlas con un trapo que no deje pelusa.

De vidrio
Son mucho menos frágiles; para limpiarlas por dentro puede utilizar un cepillo limpiabotellas.

Los tapones
No se quedarán pegados a la boca de las garrafas si los frota con un poco de parafina.

Para disolver la cal ⇒ botellas de vidrio
La cal tiene la molesta costumbre de acumularse en el fondo de las garrafas. Para conseguir que desaparezca, llene la garrafa de agua caliente a la que habrá añadido un vaso de vinagre blanco y un puñado de sal gruesa. Deje que el agua actúe durante dos o tres horas y después enjuague la garrafa varias veces. Repita esta operación tantas veces como sea necesario.

GELATINA ⇒ cabello

Tómela en forma de comprimidos, que se venden en las farmacias. La gelatina endurece las uñas y activa el crecimiento del cabello.

GERANIOS

Flor de múltiples propiedades ⇒ tomillo
El olor de sus hojas repele a los mosquitos. Nuestras abuelas lo sabían y por eso colocaban macetas de geranios en los alféizares de las ventanas. Son muy fáciles de conservar, ya que basta con no regarlos hasta que la tierra esté seca.

Contra las polillas
Coloque hojas de geranio entre sus prendas de lana, siempre y cuando no le moleste el olor.

GRIFOS

Para que queden brillantes
Séquelos con cierta frecuencia y, una vez por semana, páseles un trapo untado con algún producto a base de silicona. Las gotas de agua resbalarán sin dejar huella.

Para eliminar la cal
Pase vinagre de alcohol caliente por las manchas de cal que normalmente se depositan alrededor de los grifos o en la taza de los WC.
Recuerde también destornillar y limpiar la rejilla que filtra los desperdicios, ya que la cal suele acumularse en ella.

Grifo con escape
Lo más habitual es que la junta se haya gastado. Cámbiela usted mismo; no tiene ninguna complicación y le resultará muy económico. En primer lugar, cierre la llave de paso general del agua. Proteja la cabeza del grifo con

un trapo, para que no se raye, y desenrósquelo con una llave inglesa. Extraiga la junta gastada ayudándose con la punta de un cuchillo. Sustitúyala por la nueva, enrosque de nuevo la cabeza del grifo y abra la llave de paso general. Si no puede cambiar la junta inmediatamente, evite el molesto goteo de agua atando una cuerda alrededor del grifo; las gotas fluirán por la cuerda y se deslizarán silenciosamente hasta el conducto de evacuación.

Desatascar el lavabo

1. Tras haber colocado un recipiente debajo del sifón, desenrósquelo.
2. Retire los detritos acumulados en torno al sifón y en la parte central del mismo con una varilla de hierro curvada.
3. Vuelva a montar el casquillo, habiendo engrasado previamente la rosca.

GROSELLAS

Las grosellas rojas (y las blancas) son ricas en vitamina C y en potasio.

Para que se conserven

Ponga a secar las bayas en una cesta de mimbre en un lugar fresco. Una vez rehidratadas, podrán consumirse de nuevo y condimentar los postres del invierno.

Para prevenir la gripe

Ponga un puñado grande de bayas de grosella secas en una cazuela grande de agua hirviendo, déjelas en infusión unos 20 minutos y beba varias tazas al día de la misma. Este remedio contra la gripe se utiliza con mucha frecuencia en los países del Norte.

Contra las quemaduras
La jalea de grosella, aplicada sobre las quemaduras, alivia de modo inmediato y evita que se formen ampollas.

GRUPO SANGUÍNEO

Lleve siempre consigo, en el bolso o en la carpeta, una tarjeta con su grupo sanguíneo. Puede salvarle la vida.

GUANTES

Guantes de piel
Asegúrese de que puedan lavarse. Si es así, elimine las manchas frotándolos con una pastilla de jabón y

aclárelos sin retorcerlos. Enróllelos entre dos trapos para escurrir la mayor cantidad posible de agua, despliéguelos y tiéndalos para que se sequen, lejos de cualquier fuente de calor.

Atención: si decide llevarlos a la tintorería, sepa que en adelante ya no podrá lavarlos en casa.
Si no son lavables, póngaselos y pase un trozo de algodón empapado en éter por las manchas.

Guantes de goma
Utilice guantes de goma cuando realice las faenas más duras de la casa. Podrá colocárselos sin dificultad si echa un poco de talco entre los dedos.

Guantes blancos
Cuando no se los ponga, introdúzcalos en una caja previamente envueltos en papel de seda para que no se pongan amarillos.

GUISANTES

Los encontrará en los puestos del mercado sobre todo durante el mes de mayo, cuando son frescos y apetitosos.
Por cada kilo obtendrá 350 gramos de guisantes sin vaina.

Tiempo de cocción
En agua: 15 minutos.
Estofados: 30 minutos.

En el congelador
Los guisantes congelados se conservan totalmente digestibles.
Quíteles la vaina con cuidado y, sin lavarlos, introdúzcalos en bolsas de plástico en el congelador.

HABAS

Para digerirlas mejor
Suelen ser indigestas. Para remediar este inconveniente, cuézalas sin piel.

HELADOS

Podrá apreciar mejor su sabor si los consume cuando no estén completamente helados.

Presentación original
En un coco cortado a lo largo.
En una flauta de cava.
En una copa que podrá adornar con una hoja de lechuga o de vid.
En una cáscara de aguacate.
En medio plátano vaciado.

HERRAMIENTAS

Siempre bien ordenadas
Para mantener las herramientas en perfecto orden cuelgue una plancha grande de contrachapado en una pared (en un trastero, garaje o taller).
Introduzca clavos en distintos lugares de la plancha y de este modo podrá colgar en ellos las tijeras, alicates, martillos, etc.

HIEDRA

Para los callos
Deje macerar una hoja de hiedra en vinagre blanco durante 8 días. Transcurrido este tiempo, confeccione un apósito colocando sobre el callo un trozo pequeño de esta hoja de hiedra y sujetándola con gasa para que se aguante.
Conserve el apósito en el callo durante tres o cuatro días, y no se moje el pie. Transcurrido este tiempo, tome un baño de pies muy caliente. Notará como el callo se alivia con este remedio.

Para la ropa negra
Cuando se ha lavado muchas veces, la ropa negra adquiere un color grisáceo.
Deje macerar de 80 a 100 hojas de hiedra en una palangana con entre cinco y ocho litros de agua durante 24 horas. Al día siguiente, retire las hojas de hiedra y deje la ropa en remojo en esta agua durante toda una noche. Aclare y seque su ropa; comprobará que ha recuperado su color original.

HIERBAS AROMÁTICAS

Hierbas aromáticas en polvo
Puede obtener hierbas aromáticas en polvo sin ninguna dificultad si dispone en su casa de hierbas aromáticas secas.
Sólo tiene que molerlas utilizando para ello el molinillo de café eléctrico. Guarde el polvo obtenido en un frasco de vidrio, colóquelo en un estante de la cocina y lo tendrá siempre a mano para aderezar sus parrilladas y guisos.

Hierbas aromáticas en bola
Coloque hierbas de Provenza en una bola para té y, a continuación, introdúzcala en el caldo. De esta forma, evitará encontrarse algún trocito en los dientes a la hora del café.

Clavo
Aunque su aroma condimenta un sinfín de platos, es muy desagradable masticarlo involuntariamente mientras estamos comiendo.
Para evitar estos encuentros desafortunados, clávelo en una cebolla cruda o en una bola de miga de pan muy prieta.
De este modo, resultará muy fácil recuperarlo antes de servir la comida.

HIERRO

Para limpiarlo
En primer lugar, sáquele el polvo con un trapo, después frótelo suavemente con un estropajo de acero ultrafino empapado en petróleo.

Para desoxidarlo
El hierro se oxida con facilidad. Para desoxidarlo pásele suavemente un estropajo de acero ultrafino humedecido en un poco de aceite.

Para que brille
Puede sacarle brillo fácilmente utilizando un trapo que habrá impregnado en ceniza de cigarrillo diluida en unas gotas de aceite.

HIERRO FORJADO

Mantenimiento
Frótelo con un algodón empapado en petróleo. Utilice unos guantes para protejer sus manos.

Para que brille
Úntelo con betún de zapatos negro y sáquele brillo con un trapo suave.

Verja de hierro forjado
Si quiere proteger la verja de su jardín, pásele antes del invierno un pincel mojado en manteca de cerdo fundida. Ello evitará que el óxido la estropee.

HIGUERAS

Para hacer estacas
Durante el mes de marzo, corte con un cuchillo una rama pequeña y plántela en una maceta en la que habrá mezclado mantillo y tierra a partes iguales. No deje que sobresalga más de dos dedos de la tierra. Trasplántela en el mes de agosto, cuando la estaca haya alcanzado unos 30 centímetros. Las higueras deben plantarse en un lugar soleado y resguardado.

Salud ⇒ estreñimiento
Para luchar contra el estreñimiento, coma en ayunas cinco higos secos y bébase un vaso de agua fresca. Repita el procedimiento dos o tres veces diarias si fuera necesario. Atención, este remedio es radical.

Belleza
Mezcle la carne de tres o cuatro higos con tres cucharadas de café rasas de fécula de patata y unas gotas de

zumo de limón. Aplíquese la mezcla en la cara y el cuello, y déjela actuar unos 15 minutos. Aclárese con agua fría, con tónico o con agua de rosas. Esta mascarilla es ideal para pieles normales o con tendencia grasa.

HOJAS SECAS

Para recogerlas
Las hojas secas que tapizan el suelo no se recogen con pala sino con rastrillo. Pinche en los dientes del mismo un trozo pequeño de reja rectangular, que le permitirá recoger una mayor cantidad de hojas de una sola vez. No las tire: las hojas secas mejoran la calidad del abono.

HOLLÍN

Para los objetos de plata
Ante todo, póngase guantes de goma. A continuación, frote los objetos de plata con un trapo lleno de hollín, aclárelos y sáqueles brillo con un trapo suave.

Mancha de hollín en el suelo o en la placa de la chimenea
Límpiela con una esponja empapada en polvo de piedra pómez.

HORMIGAS ⇒ limones

Muy a menudo, en verano, las hormigas invaden la casa. Para ahuyentarlas, coloque en su camino trozos de limón que dejará enmohecer. También puede colocarlos posos del café o unas bolas de alcanfor; a las hormigas les aterrorizan estos olores.

HORNO

Mantenimiento

Para que no haga humo, límpielo frecuentemente sin emplear productos abrasivos. Utilice simplemente una esponja mojada en agua y jabón. Aclárelo y, a continuación, séquelo.

Horno sin termostato

Como no todos los hornos disponen de termostato, aquí señalamos los grados que corresponden a los distintos niveles de calor:

Horno muy suave termostato 1: 70 a 90 °C. Termostato 2: 95 a 99 °C, para hacer merengues y para mantener la comida caliente.

Horno suave termostato 3: 100 a 119 °C. Termostato 4: 110 a 130 °C, para hacer manzanas al horno y galletas.

Horno medio termostato 5: 130 a 159 °C. Termostato 6: 150 a 180 °C, para hacer tomates rellenos, patés y flanes.

Horno caliente termostato 7: 190 a 220 °C, para la carne blanca, los asados de ternera, de cerdo y de ave.

Horno muy caliente termostato 9: 220 a 300 °C, para asados de carnes rojas, gratinados y hojaldres.

Horno autolimpiable

Aunque está cubierto de un revestimiento que no se ensucia, pásele de vez en cuando una esponja mojada. Evite en la medida de lo posible que la comida se desborde, ya que el sistema de autolimpieza con el termostato al 10 durante una hora resulta muy caro.

HORTENSIAS

Hortensias azules
Cuando empiecen a palidecer o a adquirir un color grisáceo, retire ligeramente la tierra que las rodea y entierre cerca de las raíces un puñado grande de clavos o trozos de clavo machacados. Al año siguiente recuperarán su bonito color.

Las flores
Cuando comiencen a marchitarse en la maceta, consiga hacerlas durar un poco más. Corte los tallos a 20 centímetros de la flor e introdúzcalos en un jarrón lleno de agua fresca. Recuperarán todo su vigor durante una semana, por lo menos.

Para que se conserven todavía más tiempo
Antes de introducirlas en agua, rasque un poco la capa verde del tallo y añada a la misma unas gotas de lejía o un trozo pequeño de carbón de madera. Los tallos no se pudrirán y las flores se conservarán frescas.

HUERTO

Para capturar las babosas
Parta una naranja por la mitad, retire la pulpa y coloque las dos mitades en la tierra, con la parte de la piel hacia el suelo. Al día siguiente, por la mañana, las babosas se habrán introducido en el interior de esta cáscara y ya no se comerán sus lechugas.
Otro método: llene de cerveza unos recipientes pequeños (envases de yogur o similares) y entiérrelos hasta el nivel del suelo por distintas zonas del huerto. Proteja los recipientes con planchas pequeñas que colocará de tra-

vés. Al día siguiente, levante las trampas y constatará su eficacia: los recipientes estarán llenos de babosas atraídas por el olor de la cerveza. Repita esta operación, sobre todo al anochecer, los días de gran humedad.

Cuando las orugas han invadido los árboles frutales

Para desalojarlas de los árboles, ate en las ramas cuadrados pequeños de lana o restos de ovillos que no utilice; a las orugas les encantarán y decidirán hacer su nido en ellos. Ya sólo le quedará recuperar estos nidos y quemarlos.

Para espantar a los topos

Dé vueltas a una lata de conserva vacía en el extremo de un palo que habrá plantado en la topera. Los ultrasonidos provocados en el suelo les asustarán.

Cómo utilizar una escalera

Para sembrar o trasplantar las lechugas, coloque en el suelo una escalera por la que podrá caminar sin riesgo de hundir la tierra. Siembre los rábanos en filas muy rectas siguiendo los bordes exteriores de la escalera, y trasplante las lechugas a distancia regular guiándose por la separación de los escalones.

Para sembrar las semillas

Germinarán más deprisa si las humedece uno o dos días antes de sembrarlas. Para hacerlo de forma regular, mézclelas con un poco de arena o serrín.

Para proteger las lechugas

Proteja las lechugas de las babosas disponiendo alrededor de las plantas una barrera de ceniza o de serrín.

Para guardar los semilleros al fresco

Riéguelos y protéjalos del calor cubriéndolos con hojas grandes de helecho. Se mantendrán frescos durante cuatro o cinco días, como mínimo.

HUEVOS

Para saber si son frescos
Introdúzcalos en agua fría salada: si es fresco, caerá al fondo del recipiente; si tiene una semana, nadará entre dos aguas; si es más viejo, flotará.

Tiempos de cocción de los huevos
Pasados por agua: en agua hirviendo, tres minutos a partir de que el agua vuelva a hervir; cuatro minutos en agua fría.
Blandos: en agua hirviendo, cuatro minutos a partir de que el agua vuelva a hervir.
Duros: quince minutos en agua fría.
Revueltos: seis minutos.
Tortilla: de cuatro a seis minutos, al gusto.

Huevos de chocolate
Serán muy bien recibidos en las fiestas de Pascua. Perfore los huevos frescos por los dos extremos y sople para vaciar su contenido (con el que podrá hacer una tortilla).
Con una jeringuilla, rellene la cáscara de chocolate fundido. Los huevos de chocolate deben conservarse en el frigorífico.

Pasados por agua
No se vaciarán en el agua de cocción si los envuelve con un trozo de papel de aluminio. En este caso, la cocción debe durar 4 minutos.

Para que se conserven
Colóquelos con la punta hacia abajo. Observe además que los venden en esta misma posición.

Huevo roto
Si se le ha caído un huevo en el suelo de la cocina, cú-

bralo con sal fina o con un puñado de harina. Espere un cuarto de hora antes de recogerlo con una bayeta.

Huevos de pato
Son excelentes para hacer pasteles.

Huevos duros
No volverán a explotar mientras se están cociendo si añade en el agua dos o tres cerillas con el fósforo quemado, o unas gotas de vinagre. Si el huevo está cascado, pase un poco de zumo de limón por la grieta para que no se salga durante la cocción.

Para pelarlos
Si añade un poco de sal al agua de cocción, podrá pelar la cáscara sin destrozar el huevo.

Para los sorbetes
Cuando esté preparando sorbetes, añada una clara de huevo muy batida a punto de nieve.

Claras a punto de nieve
Pase rápidamente por agua fría el recipiente en el que va a batir las claras. Cuando éstas estén montadas, no quedará ni rastro de ellas en el recipiente.
Quedarán muy consistentes si antes de batirlas añade un poco de sal fina.

Huevos a la nieve
En una cazuela bastante grande, ponga a cocer agua con un chorrito de limón. Retírela del fuego y escalfe las claras durante dos o tres minutos por cada lado. El agua no debe hervir si se quiere evitar que las claras de huevo vayan a parar al fondo de la cazuela.

Yemas
Diluya una yema de huevo en un poco de sopa fría. Incorpórela al resto de la sopa y caliéntela suavemente, sin dejar de remover. La sopa quedará más sabrosa.

Para los marcos dorados
Mezcle una clara batida a punto de nieve con una cucharada sopera de vinagre blanco. Empape un trozo de algodón en esta mezcla y frote delicadamente los marcos de madera dorada, que recuperarán su brillo.

Para etiquetar
Pegue etiquetas en las botellas de vino o en los botes de confitura untándolas con clara de huevo.

Para los hules
Si el color se ha apagado, frótelos con una esponja mojada en clara de huevo batida a punto de nieve. Recuperarán el brillo perdido.

Para las plantas
Machaque las cáscaras de huevo, y así podrá utilizarlas como abono para sus plantas verdes.

Belleza
Si su cara da muestras de cansancio, prepare la siguiente mascarilla: mezcle una yema de huevo con una cucharada de aceite de oliva, aplíquesela suavemente por la cara durante cinco o diez minutos y aclárese con agua abundante. El resultado le sorprenderá.

Para el cabello

Normal
Utilice de vez en cuando este fantástico champú, que abrillantará y al mismo tiempo fortalecerá su cabello. Bata en un recipiente uno o dos huevos, según el volumen de su cabello, con una cucharada sopera de ron. Fricciónese con esta mezcla el cabello mojado y déjela actuar durante 10 minutos. Aclárese con agua abundante.

Seco
La misma receta que para el cabello normal, utilizando solamente yemas de huevo.

JABONES

Para las herramientas
Podrá cortar con más facilidad un trozo de plancha o de lata si antes lo frota con una pastilla de jabón seca.

Para los golpes
Si acaba de darse un golpe, pásese enseguida un trozo de pastilla de jabón por la zona dolorida, apretando ligeramente. Este procedimiento evitará que se forme una moradura.

Para evitar el vaho
Frote el espejo del cuarto de baño con un trozo de pastilla de jabón bien seco, y pásele después un trapo de algodón. En la superficie del mismo, quedará una fina película que impedirá que se adhiera la humedad.

Para evitar la transpiración
Frote el interior de sus zapatos con jabón.

Salud
Para eliminar los calambres, coloque a los pies de su cama un trozo pequeño de pastilla de jabón. Unos 15 días después, sus calambres habrán desaparecido totalmente. Sorprendente, pero cierto.

Jabón casero
Reúna todos los trozos sobrantes de jabón e introdúzcalos en un pie de leotardo usado. Introduzca el pie de leotardo en un recipiente con agua. En cuanto los trozos de jabón comiencen a reblandecerse, apriételos con fuerza entre las manos y cuelgue el pie de leotardo hasta que se halle completamente seco. A continuación, ya sólo le queda retirar el leotardo y obtendrá una bola de jabón totalmente compacta y utilizable. No dude en combinar los colores de sus jabones.

Para el baño
Proceda de la misma forma que en el apartado anterior, pero en esta ocasión colocará un cordón bastante sólido entre los trozos de jabón antes de introducirlos en el agua. El cordón quedará pegado entre los jabones, y de esta forma obtendrá, cuando estén secos, una bola de jabón. El cordón le permitirá colgarla del grifo de la bañera, y de este modo evitará tener que buscarla en el agua.

Juegue con pompas de jabón
Puede pasar momentos maravillosos con sus hijos jugando con pompas de jabón. No explotarán y permanecerán intactas durante horas si utiliza la siguiente preparación: ralle 50 gramos de jabón de pastilla con glicerina en un recipiente bastante alto, cúbralo abundantemente con agua mineral (no calcárea) tibia y añada una cucharadita de glicerina. Déjelo reposar como mínimo 24 horas y obtendrá un líquido homogéneo. No se sorprenda si aparece una película blanquecina.
Filtre el líquido con un trapo fino. En el que obtenga, disuelva media cucharadita de azúcar.

Soplar las pompas
Para soplar las pompas, utilice pajas de plástico, uno de cuyos extremos habrá cortado en cuatro.
Conseguirá hacer pompas muy grandes si utiliza un anillo de un centímetro de diámetro, que podrá confeccionar retorciendo un hilo doble de latón.

La mejor técnica
Introduzca verticalmente en el líquido el extremo cortado de su paja, o el anillo que se haya fabricado, y sáquela del mismo modo.
Sople en el centro, y lentamente se formará una gran pompa. Si sopla varias veces obtendrá algunas pompas más pequeñas. Con cuidado, podrá colocar estas pompas en hueveras, en vasos o en cualquier otro soporte a su elección.

Más difícil todavía

Puede conseguir hacer grupos de pompas pequeñas si sopla de forma suave y regular en un anillo de 25 milímetros de diámetro. Las pompas alzarán el vuelo en hileras, para gran alegría de sus niños.

Si tiene paciencia, podrá colocar una pompa dentro de otra introduciendo con precaución una paja mojada en la mezcla en una pompa ya formada y soplando con mucho cuidado.

También puede soplar el humo de un cigarrillo en el interior de una pompa o entre pompas encerradas dentro de otra pompa.

JADE

Para limpiar y abrillantar el jade (piedra verde muy dura) o cualquier otra piedra dura, lávelo con agua y vinagre (dos cucharadas por litro) y después frótelo con un trapo suave.

JARDÍN

Acondiciónese un rincón de descanso

Construya un pequeño estanque y decórelo con nenúfares. Ponga a un lado bambúes, siembre en el otro césped y añada un toque de color plantando lirios, manojos de margaritas, prímulas y tulipanes.

Instale hamacas para poder aprovechar los primeros rayos de sol.

Camino embaldosado

1. Cave en el suelo de forma uniforme a unos ocho centímetros.

2. Según el diseño que más le guste, coloque de canto planchas cuya altura sea igual al grosor de las baldosas.
3. Prepare el hormigón, viértalo, apisónelo, alíselo y pase un rastrillo por su superficie muy ligeramente, para impedir resbalar a causa de la humedad o del hielo.
4. Después de 48 horas, cuando el hormigón se halle seco, retire las planchas, ponga tierra y siembre césped.

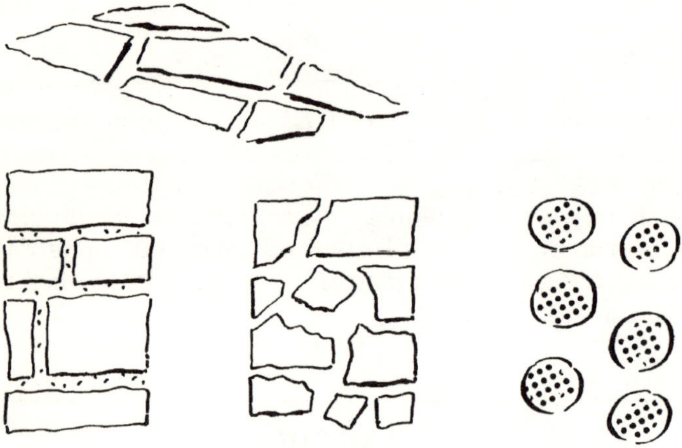

Camino

Trace un camino en su jardín utilizando discos de madera de árbol suficientemente gruesas para que no se hundan demasiado deprisa. Este camino de jardín resulta muy decorativo.

Embaldosado

Déle una nota de alegría plantando flores pequeñas (margaritas, prímulas) o plantas de rocalla.

Rodrigones de madera

Antes o después de utilizarlos, desinféctelos sumergiéndolos totalmente en agua con mucha lejía. Cepíllelos o frótelos con un estropajo fuerte, aclárelos con agua abundante y déjelos secar.

Para acabar con las ortigas
Un día de lluvia, riegue las ortigas con lejía concentrada. Arrastrada por el agua de la lluvia hasta las raíces, la lejía eliminará las ortigas.

JARRONES

Para evitar tener que transportarlos si pesan mucho (por ejemplo a la cocina para cambiarles el agua o ponerles flores), tienen una forma complicada, como un botijo ancho, una tetera o una jarra grande, o simplemente son difíciles de limpiar, introduzca su ramo de flores en media botella de plástico o en un vaso, según la forma del jarrón, e introduzca en él este recipiente. De esta forma el jarrón se conservará siempre limpio.

JOYAS ⇒ plata

Para limpiarlas

La plata
Las joyas de plata se ennegrecen con bastante frecuencia, dejando en ocasiones rastros negros en la piel. Puede remediarlo pasando una o dos capas de esmalte de uñas transparente en la parte interior de la joya.

El coral
Sumerja durante unos 10 minutos las joyas de coral en agua con mucha sal.

Los diamantes
Sumerja sus joyas durante varios minutos en un pequeño recipiente lleno de agua y jabón, y frótelas suavemente con un cepillo muy flexible.

Para decorar
Si no va a volver a ponerse algunos collares de bisutería, cuélguelos en una pared de la habitación o en una esquina del cuarto de baño... según su fantasía.

Las perlas
No necesitan mantenimiento alguno. Si las lleva sobre la piel, su resplandor será más hermoso. Se aconseja volver a ensartar los collares una vez al año.

Las cadenas
Si su cadena de oro o de plata tiene nudos en distintos lugares, no se ponga nervioso; podrá desatarla fácilmente con una aguja si, previamente, espolvorea talco sobre la cadena.

JUDÍAS

Judías verdes
Calcule 200-300 gramos por persona.

Judías secas
Si las cuece con un puerro, serán mucho más digestivas.

Judías en vaina
Por un kilo de judías en vaina obtendrá 350 gramos de judías en grano.

Tiempos de cocción ⇒ verduras y legumbres
Judías blancas secas, en agua: dos horas.

Judías blancas frescas, en agua: una hora.
Judías verdes, en agua: 25 minutos.

JUGUETES

Lávelos muy a menudo con agua tibia y jabón. Algunos peluches pueden limpiarse en la lavadora automática. Desinfecte también los juguetes de goma o de plástico que se arrastran por todas partes y que los niños se suelen llevar a la boca.

LÁMPARAS

Hay que reconocer que, con bastante frecuencia, nos olvidamos de las lámparas cuando estamos haciendo la limpieza de la casa. Así pues, cuando haga limpieza general, ocúpese de ellas a fondo. Evite hacerlas girar sobre sí mismas, ya que los cables podrían romperse. Empiece quitando el polvo con un plumero y frotando suavemente los colgantes con un trapo empapado en alcohol de 90°. A continuación, sáqueles brillo con una gamuza muy fina.

LANA ⇒ vinagres

Lave siempre sus prendas de lana con agua tibia, sin diferencia de temperatura entre el lavado y el aclarado. Escúrralas entre dos trapos, sin retorcerlas.
Póngalas a secar en plano y plánchelas intercalando una hoja de papel de periódico entre la prenda y la plancha.

Para eliminar las bolas
Utilice un cepillo adhesivo o afeite suavemente la ropa con una maquinilla eléctrica.

Para evitar que pierda pelo
Antes de ponerse un jersey de angora, métalo en una bolsa de plástico que introducirá durante una noche en el frigorífico.

Para batanar los jerséis
Introdúzcalos en agua de cocción tibia o casi fría de judías blancas, o en agua casi fría con cuatro o cinco cucharadas soperas de glicerina por litro de agua. Déjelos de cinco a diez minutos.

No tire sus prendas de lana viejas
Hágase una colcha a parches. Basta con cortar trozos de la misma medida de prendas de lana distintas. Haga una costura a máquina alrededor de cada cuadrado o rectángulo. Rodee cada parche con un bies o con una cinta y, a continuación, cósalos entre sí con puntadas que no se vean.

Para reutilizar la lana
Si quiere volver a utilizar la lana de una prenda, deshágala formando madejas pequeñas. Introduzca cada ovillo en una red o en una pierna de leotardo usada y póngalos en la lavadora automática, en el programa para lana. Coloque la lana a secar enrollándola en tres o cuatro cuerdas del tendedero, extendiéndola bien para que se borren las marcas de la aguja de punto. Cuando esté totalmente seca, vuelva a hacer ovillos.

TEÑIR LA LANA CON PLANTAS

Le ofrecemos varios sistemas que le ayudarán a conseguir toda una gama de colores verdaderamente originales y «propios».

Lo que necesita
Hierbas, cortezas y bayas: puede utilizarlas frescas o ponerlas a secar a la sombra en un lugar seco y conservarlas en bolsas de tela. **Cazuelas de diferentes tamaños:** utilice cazuelas viejas, a ser posible de acero inoxidable, de aluminio o de esmalte. Cuando las haya utilizado para teñir, no vuelva a emplearlas para nada más. **Mordientes:** sirven para preparar la lana, que de esta forma puede absorber el color natural o modificarlo. Entre ellos están el alumbre, el bicromato de potasio, el sulfato de cobre, el sulfato de hierro, el ácido tártrico y el cloruro de estaño. **Cada tinte vegetal** necesita un determinado mordiente. Se venden en droguerías. **Atención:** estos productos son tóxicos, no los ingiera. **Bolsas** de tul, de nailon, de tela: puede hacerlas con restos de tela. **Balanza**: debe ser muy precisa. **Hornillo a gas, cuchara de madera, guantes de goma, palangana, vaso, varilla de vidrio, vinagre y detergente especial para lana.**

Preparación de la lana

La lana pura es el material que más se presta al teñido con productos naturales. **Atención:** debe ser pura lana virgen; si está mezclada con fibras sintéticas, el resultado del teñido no podrá ser perfecto. **Prepare la lana** para facilitar la absorción uniforme del color y para fijar su intensidad de forma duradera. **Para evitar** que la lana se mezcle demasiado, subdivida cada ovillo en tres partes, anudando cada una de ellas sin apretar demasiado.

Aplicación de los mordientes

Ponga la cantidad de mordiente que se indica en la receta en un recipiente de vidrio que contenga la suficiente cantidad de agua caliente para disolverlo, y revuelva durante bastante tiempo con la varilla de vidrio; debe quedar perfectamente diluido. **Vuelque el agua** con el mordiente en la cacerola para teñir, que deberá estar llena de agua fría. **El agua** debe estar en proporción de 25/1 con respecto a la lana que se va a preparar. **Para un kg de lana** se precisan 25 litros de agua. **Para medio kg de lana** se precisan 15 litros de agua. **Para un hectogramo de lana** se precisan cuatro litros de agua. **Cuando el agua** alcance la temperatura del cuerpo, sumerja en ella el ovillo previamente mojado en agua fría. **Remueva a menudo** el ovillo para que el mordiente penetre bien y llévelo a ebullición. **Déjelo** hervir una hora, removiendo. **Apague** el fuego y deje que se enfríe lentamente. **Póngase** los guantes de goma, saque el ovillo y apriételo. **Si no quiere** empezar inmediatamente la fase de teñido propiamente dicha, ponga a secar el ovillo a la sombra. **No retuerza** la lana una vez aplicado el mordiente (a menos que la receta lo indique). **Después de cada preparación,** anote siempre la cantidad de lana y la proporción de mordiente utilizada en el caso de que no proceda a teñirla inmediatamente. **Porcentaje mordiente-lana:** alumbre 15 % (100 g de lana, 15 g de alumbre); bicromato de potasio 2 %, 3 %; sulfato de cobre 6 %, 8 %; cloruro de estaño 2 %; sulfato de hierro de 2 a 6 %; ácido tártrico 2 %. **Saque del agua** la bolsa que contiene

la sustancia colorante (que eventualmente puede utilizarse para un segundo baño) y sumerja la lana, que previamente habrá humedecido sin escurrirla. **Lleve de nuevo** el agua a ebullición y déjela hervir durante el tiempo que indique la receta, removiendo a menudo la lana. **Deje enfriar** lentamente la lana en el agua y, a continuación, escúrrala tras haberla aclarado varias veces en agua fría, hasta que la lana no destiña y el agua quede limpia. **Vuelva** a lavarla de nuevo con un detergente especial para lana y aclárela con agua y vinagre (medio vaso por cada 25 l). El vinagre sirve para fijar el color. **Sumerja** toda la lana de una sola vez para obtener el mismo color, ya que los tintes cambian en cada baño. **Resulta casi** imposible saber con precisión el color exacto que se va a obtener, ya que existen distintos factores que pueden modificar el procedimiento.
El color de las plantas varía según las regiones y el momento de la recogida. También puede influir la calidad del agua, por lo que es preferible utilizar agua de lluvia, desprovista de cal.

¿Cómo obtener color de las plantas?
¿Cómo teñir la lana?
Consiga el material necesario para teñir (hojas, cortezas, etc.), péselo siguiendo las indicaciones de la receta e introdúzcalo en una bolsa de tul (si se trata de hojas, de flores o de cortezas) o de tela (para las sustancias en polvo). **Sumerja** la bolsa en agua fría y déjela hervir durante el tiempo que le indique la receta. **Una vez conseguido el color,** añada agua fría hasta alcanzar la proporción de 25/1 por 1 kg (o 15/1 por 1/2 kg, o 4/1 por 1 kg) de lana.

¡Atención!
Antes de empezar a preparar cualquier tipo de tinte recuerde que **el agua de teñir** con mucha frecuencia puede volver a utilizarse después del primer baño. **Nunca añada más agua** a la de teñir que ya se ha utilizado.

Sin embargo, es preciso conocer el peso de la lana en función de la cantidad de agua: si tiene aproximadamente 20 l de agua después de la evaporación, deberá teñir unos 700 g de lana, si quiere obtener un buen resultado.

Una planta para cada color

Amarillo: acedera, hoja de aquilea, hoja de abedul, piel de cebolla, brezo, flor de retama, hoja de castaño de Indias, hoja de frambueso, corteza de manzano, arándano, hoja de nogal, hoja de aliso, corteza de melocotonero, hoja de álamo temblón, flor de prímula, hoja de espino, flor de clavel de Indias, hoja de tilo. **Verde oliva:** hoja de laurel, hoja de abedul, hoja de castaño, hoja de nogal, espino. **Verde:** hoja de castaño, reina del bosque, hojas tiernas de helecho, hoja de castaño de Indias, frambueso sin frutos. **Malva:** arándano, hoja de adelfa, hoja de llantén. **Violeta:** madera azul, madera roja. **Azul:** madera azul, baya de mahonia. **Gris amarronado:** hojas de abedul, hojas de castaño, corteza de cerezo, reina del bosque, hojas de castaño de Indias, madera azul, corteza de ciruelo. **Marrón amarillento:** corteza de acacia, acedera, hoja de castaño, corteza de cerezo, piel de cebolla, corteza de manzano, musgo y líquenes, hoja de avellano, cáscara de nuez, vara de oro. **Marrón:** hoja de castaño, corteza de cerezo, hoja de castaño de Indias, hoja y corteza de aliso, corteza de ciruelo, raíz de granza. **Marrón rojizo:** corteza de acacia, corteza de abedul, corteza de cerezo, polvo de alheña (a conseguir), brote tierno de castaño de Indias, nogalina, corteza de ciruelo, raíz de granza, hoja de serbal. **Naranja:** filamentos que cubren la cáscara de coco, flores de girasol, polvo de alheña, aguja de alerce, hoja de muguete, corteza de ciruelo, raíz de granza. **Rojo y rosa:** filamentos que cubren la cáscara de coco, madera roja, corteza de nogal, raíz de granza.

Cuatro recetas especialmente fáciles

***1.* Tinte de llantén**

Se obtienen tonos de verde. **Prepare** 1 kg de lana para teñir, sumergiéndola en agua (25 l) en la que habrá disuelto un 15 % de alumbre. **Póngala a hervir** durante una hora. **Saque** la lana y tire el agua. **Prepare** el llantén (toda la planta) a razón de 200 % (1 kg de lana y 2 kg de llantén) e introdúzcalo en una bolsa. Póngala a hervir durante dos horas en suficiente cantidad de agua para que quede cubierta. **Añada** agua fría hasta obtener 25 l. **Sumerja** la lana en el agua para teñir. **Póngala** a hervir una hora. **Variante:** también puede sumergir la lana no preparada en el tinte.

***2.* Tinte de flores de retama**

Se obtienen tonos de amarillo. **Prepare** 1 kg de lana para teñir, sumergiéndola en agua (25 l) en la que habrá disuelto un 15 % de alumbre. **Póngala** a hervir durante una hora. **Saque** la lana y tire el agua. **Prepare** las flores de retama a razón de 100 % (1 kg de lana y 1 kg de flores) e introdúzcalas en una bolsa. Póngalas a hervir durante una hora en suficiente cantidad de agua para que quede cubierta. **Añada** agua fría hasta obtener 25 l. **Sumerja** la lana en el agua para teñir. **Póngala** a hervir a fuego lento durante media hora. **Variante:** también puede sumergir la lana no preparada en el tinte.

***3.* Tinte de corteza de manzano**

Se obtienen tonos de amarillo. **Prepare** 1 kg de lana para teñir sumergiéndola en agua (25 l) en la que habrá disuelto un 15 % de alumbre. **Póngala** a hervir durante una hora. **Saque** la lana y tire el agua. **Prepare** la corteza de manzano cortada en trozos pequeños a razón de 100 % (1 kg de lana por 1 kg de corteza). Introdúzcala en una bolsa y **póngala** a hervir durante tres horas en suficiente cantidad de agua para que quede cubierta. **Añada** agua fría hasta obtener 25 l. **Sumerja** la lana en el agua para teñir. **Póngala** a hervir durante una hora. **Segundo baño:** prepare la lana con un 15 % de alumbre. Utilice el agua del primer teñido.

***4.* Tinte de hojas de nogal**

Se obtienen tonos de amarillo oscuro. **Prepare** 1 kg de lana para teñir, sumergiéndola en agua (25 l) en la que habrá disuelto un 15 % de alumbre. **Póngala** a hervir durante una hora. **Saque** la lana y tire el agua. **Prepare** las hojas de nogal a razón de 100 % (1 kg de lana por 1 kg de hojas). Introdúzcalas en una bolsa y **póngalas** a hervir durante una hora en suficiente cantidad de agua para que quede cubierta. **Añada** agua hasta obtener 25 l. **Sumerja** la lana en el agua para teñir. **Póngala** a hervir una hora más. **Variante:** al finalizar la operación puede añadirse también un 2 % de sulfato de hierro para fijar el color. Deje la lana en el agua durante 10-20 minutos más, con el fuego apagado.

LAUREL

Las hojas de laurel secas no sólo aromatizan los guisos y las salsas sino que además facilitan la digestión. Nunca las utilice frescas, puesto que son nocivas.

En el huerto

No olvide proteger el laurel al comienzo del invierno, ya que no resiste las heladas fuertes.

LAVANDA

Para que se conserve

Debe poner a secar las flores en un lugar seco y aireado.

Para perfumar

Tras haber introducido flores secas pequeñas en saquitos de algodón muy fino, introduzca éstos entre la ropa doblada, átelos al colgador o colóquelos bajo el colchón.

Salud

La lavanda, hierba de propiedades antisépticas, tónicas

y antimigraña, cura la gripe si se toma en infusión, y fortalece el cuero cabelludo si se fricciona el mismo con cierta regularidad.

Belleza

Vinagre de baño ⇒ vinagres
Deje macerar diez gramos de flores en un litro de vinagre blanco durante un mes. Fíltrelo y rellene con él varios frascos decorativos que podrá colocar en el borde de la bañera. Si añade un vaso pequeño de este vinagre al agua de su baño, el efecto de la cal quedará neutralizado, además de procurar una agradable suavidad a su piel.

Para atenuar el acné
Ponga a calentar a fuego lento, durante dos horas y media, medio litro de aceite de oliva al que habrá añadido tres cucharadas soperas de flores de lavanda secas. Retírelo del fuego, tápelo con un trapo y déjelo macerar durante dos minutos. Fíltrelo e introdúzcalo en un frasco. Durante diez días, aplíquese cada noche este aceite, practicando un masaje sobre la piel, tras haberla limpiado perfectamente. Repita estos masajes cada dos meses.

LECHE

Leche cruda
Para digerirla bien, es preciso no dejar de beberla. En efecto, su digestión necesita la presencia de un jugo gástrico, la lactosa, que solamente se segrega si se bebe leche cada día. Si se ha dejado de beber hace bastante tiempo, es preciso volver a tomarla de forma muy progresiva.

Para la repostería
La leche puede sustituir a la yema de huevo a la hora de dar un bonito tono dorado a las masas de hojaldre.

Para los asados
Si, antes de asarlos en el horno o en la cazuela, sumerje los asados de cerdo o de ternera en leche hirviendo durante dos o tres minutos, éstos no «mermarán».

Belleza
Si sufre de herpes, aplíquese sobre la zona enrojecida una cataplasma pequeña de crema de leche todas las noches.

Salud
Tendrá la impresión de beber leche fresca si añade una pizca de sal fina a la leche en polvo desnatada.

LECHUGAS

Cuanto más blancas son, menos vitaminas poseen, así que procure comer sobre todo las hojas verdes.
Si se consume cruda y al natural, la lechuga estimula los intestinos perezosos.

Para que se conserve
Quite las hojas que estén feas, lávela y déjela escurrir cuidadosamente. Si la introduce en un recipiente o bolsa de plástico, se conservará unos diez días en el frigorífico.

Para refrescarla **⇒ verduras y legumbres**
Sumérjala en agua tibia para que quede muy crujiente.

Milamores
Se siembra al vuelo sobre el césped.

Belleza
El agua de cocción de una lechuga será una fantástica loción para que desaparezcan esos granos que tanto desfavorecen.

Para combatir el acné
Cueza hojas de lechuga y confecciónese con ellas cataplasmas que se aplicará en la cara y el cuello.

Para dormir
El agua de cocción de la lechuga resulta absolutamente eficaz para los insomnes y los nerviosos.

LENCERÍA

De seda
La lencería debe estar siempre impecable. Para dar un baño de rejuvenecimiento a su lencería de seda, sumérjala durante unos 30 minutos en un baño de leche desnatada. A continuación, lávela con agua tibia y jabón y aclárela varias veces sin retorcer la prenda.

LEOTARDOS

Hará menos carreras en sus leotardos si los lleva del revés, ya que de este lado la malla es más resistente.

Un colador fino
Un pie de leotardo cortado a la altura del tobillo y sujetado mediante una goma a la parte superior de un tarro o de un recipiente, será el colador más fino para los quesos frescos y las jaleas de frutas.

Portabolas de naftalina
Introduzca bolas de naftalina en una pierna de leotardo y cuélguela en la varilla de su armario ropero.

Para los cojines
Conserve todos los leotardos usados, ya que podrá utilizarlos para rellenar los cojines, los juguetes o los animales de punto que haga usted misma.

Para el pelo de los animales ⇒ animales
Nada mejor que un cepillo introducido en una pierna de leotardo para sacar los pelos de perro o de gato que se pegan en el sofá, en los asientos del coche o en la ropa.

LEVADURA DE CERVEZA

Belleza
Forme una pasta algo espesa aplastando unos comprimidos de levadura de cerveza en un poco de agua. Aplicada en la cara, esta pasta es un *peeling* excelente. Retírela frotando delicadamente con las yemas de los dedos, y retire los granos restantes con un algodón empapado en un tónico fortalecedor.

LIBROS

Para ordenarlos
Si le gustan los libros, cuídelos bien. Ordénelos en estanterías o en una biblioteca protegidos de la luz y del polvo. No los apriete demasiado ya que las tapas se estropearían con rapidez y la cubierta acabaría despegándose. Quite frecuentemente el polvo de sus libros con un plumero.

Insectos de los libros

Contra los destrozos irreparables causados por los insectos que adoran mordisquear las páginas de los libros, coloque unas gotas de esencia de tomillo en su biblioteca; sus libros estarán a salvo y su habitación perfumada.

Cubiertas doradas

Los dorados de las cubiertas son muy finos y, por lo tanto, frágiles. No los lave, simplemente quíteles el polvo con un plumero o con un trapo de lana muy sedoso.

Mancha de grasa

Si por desgracia ha manchado de grasa el libro que le ha prestado su mejor amiga, no se desespere; existe un procedimiento bastante simple que podrá repetir hasta que la mancha desaparezca por completo. Espolvoree la mancha con talco, coloque un secante a cada lado de la página manchada y ponga la plancha ligeramente caliente sobre el primer secante. En general, la mancha pasará al segundo secante.

Una página rota

Con un pincel, pase clara de huevo por la parte rota y déjela secar. Es más discreto que un trozo de celo.
Le ofrecemos toda una serie de operaciones más complejas que le permitirán obtener resultados muy satisfactorios.

Página rota por el margen

Se trata de una página que puede perderse o estropearse: apoye una hoja de papel sobre la extensión total de la página que quiere pegar, dejando que sobresalga un borde de dos a tres milímetros de dicha extensión. Aplique a lo largo de toda esta tira cola vinílica, que no «chorreará» ya que la hoja limita estrictamente su aplicación.
Alinee la página en el libro, haciendo que los tres márgenes libres de la página que quiere pegar coincidan con el resto de las páginas, que sujetará con la mano izquierda,

mientras que, con la mano derecha, mantiene la parte cubierta de cola por encima del pliegue.
Apriete la tira cubierta de cola en la página siguiente y haga que la página entre en el pliegue de la encuadernación utilizando un cortapapeles de boj o de marfil. Cierre el libro y haga presión sobre él.
Si el procedimiento se lleva a cabo correctamente, resulta imposible descubrir la menor huella de la misma.

Página rota por el medio

Hay dos posibilidades, que dependen del grosor del papel: si el papel es grueso, normalmente los bordes de la parte rota no serán limpios, sino que a un lado u otro de la página habrá zonas de menor espesor.
Ponga una hoja de papel celofán sobre la hoja que quiere pegar. Aplique con pincel un poco de cola vinílica por toda la extensión del corte. Ajuste las dos partes de la hoja rota. Frote ligeramente con el extremo del filo de un cuchillo de punta redonda o con un cortapapeles, manteniendo en su lugar los dos bordes de la página; debe frotar ligeramente inclinado respecto a la zona rota para que la cola y las fibras que sobresalen de los bordes rotos se mezclen. Cierre el libro y manténgalo bajo presión durante tres horas... el resultado le sorprenderá. Puede reforzar su trabajo con una pequeña tira de papel de seda, que pegará en el borde de la página y que deberá permanecer completamente invisible.
Si el papel es fino: corte tiras pequeñas de papel de seda de un centímetro de ancho por dos o tres centímetros de largo y péguelas a lo largo de la zona rota tras haberlas untado con cola vinílica; hágalo en las dos caras de la página. Al igual que en el caso anterior, deberá colocar la página entre dos hojas de papel de celofán. Déjela secar, bajo presión, durante tres horas.
Aquí es donde se produce el milagro: arranque con infinita delicadeza los papeles de seda y extienda con cuidado las pequeñas asperezas que se hayan formado a lo largo del corte.
Atención: estas dos operaciones son delicadas; antes de

iniciarlas, entrénese con páginas inservibles y, sobre todo, no se le ocurra aplicar estos métodos con billetes de banco...

Proteger su libro de cocina
Para proteger las páginas de su libro de recetas mientras lo está utilizando, cúbralo con una placa de vidrio, que previamente habrá cortado según las dimensiones de la página, o con una hoja de plástico rígido transparente.

LIMONES

Para escogerlos
Los más jugosos tienen la piel fina.

Para que se conserven una vez empezados
Introdúzcalos en un vaso de agua.

Para extraer la máxima cantidad de zumo
Haga rodar un limón en la palma de la mano durante unos segundos. Si está un poco seco, introdúzcalo en agua hirviendo durante dos minutos o póngalo en remojo en agua fría durante toda la noche.

Para la mayonesa
Un chorrito de zumo de limón, añadido después de prepararla, hará que sea menos grasa y más aromática.

Belleza
Los limones blanquearán sus manos y endurecerán sus uñas si, cada vez que haya exprimido uno, frota sus uñas en el interior de la cáscara.

Para eliminar las hormigas
Coloque trozos de limón en los lugares por los que pa-

san las hormigas; huirán aunque el limón esté utilizado, seco o enmohecido.

Para eliminar los malos olores
El olor a cebolla o a pescado desaparecerá si pasa una rodaja de limón por el filo del cuchillo utilizado y por sus manos.

LLAVES

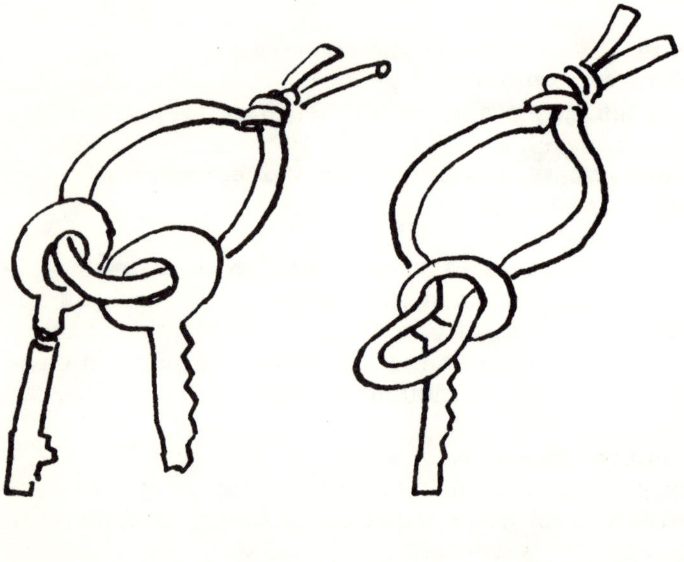

Para incorporar otra llave, sólo tiene que hacer un bucle en A y hacerlo pasar por el orificio de la llave.

Improvise un llavero con una cuerda o mejor con una tira de cuero, de dos a tres milímetros de diámetro. Si quiere colgárselo en el cinturón utilice el sistema del bucle.

MAÍZ

Se siembra en el mes de mayo y se recoge dos meses y medio después.

Para que las mazorcas se conserven
Quite la vaina y la pelusilla de las mismas. Límpielas solamente si está seguro de que no han sido tratadas. En caso contrario, lávelas bajo el grifo con abundante agua, frotando bien entre los granos. Séquelas (con un secador de cabello) y, a continuación, introdúzcalas en el congelador.

Para que los granos se conserven
También puede conservar los granos esterilizados en tarros. Separe los granos con las púas de un tenedor. Blanquéelos en agua hirviendo salada durante unos cinco minutos. Escúrralos e introdúzcalos en tarros que rellenará con agua hervida. Cierre los tarros y esterilícelos durante una hora y media a 100 °C.

MALETAS

Mantenimiento
Después de haberlas utilizado, limpie el polvo de la parte interior, vacíe los departamentos y engrase ligeramente las cerraduras con un trozo de algodón, procurando no ensuciar la piel.

Maletas o bolsas de tela
Frote las zonas ennegrecidas y las marcas de los dedos con una esponja empapada en agua y amoníaco. Algunas bolsas pueden lavarse a máquina, dependiendo del material con el que están confeccionadas.

Para proteger las maletas de piel
Confeccione una funda con tela de lino o de yute muy apretada, envuelva con ella la maleta y ciérrela con cintas anudadas. Protegidas de este modo, las maletas viajarán sin dificultad y no sufrirán deterioro.

MANCHAS

Antes de decidirse a quitar la mancha de una tela, haga siempre una prueba en una zona discreta de la misma, en el dobladillo o en el borde de las costuras interiores, por ejemplo. Tenga cuidado con los quitamanchas, ya que dejan cercos en la ropa a menos que espolvoree la mancha con talco y lo deje actuar una media hora antes de cepillarlo. Sea cual sea la naturaleza de la mancha, coloque bajo la tela un trapo o un trozo de algodón, que desde luego deberá cambiar en cuanto se ennegrezca. Frote con un trozo de algodón la mancha de fuera adentro, para que no se extienda y no provoque cercos.
Aceite lubricante: frote la mancha con un poco de mantequilla o con cualquier otra cosa grasa, siempre de fuera adentro para evitar que se extienda. Ráspela con el filo de un cuchillo y ya sólo le quedará quitar la mancha de grasa (véase «Grasa» más adelante).
Alquitrán: disuélvalo con algo graso y, a continuación, desengráselo con tricloretileno.

Manchas de alquitrán en la piel
Las manchas de alquitrán en la piel no le ofrecerán resistencia si se frota el lugar manchado con hojas de geranio.
Barro: deje que las manchas se sequen. A continuación, frote enérgicamente para retirar la mayor cantidad posible de tierra. Por último, frote con agua tibia y vinagre.
Bolígrafo: empape un algodón con disolvente y frote la mancha golpeando repetidamente. Utilice después una mezcla de agua y alcohol, y repita el mismo procedi-

miento. La mancha atravesará el tejido que haya puesto bajo la tela manchada. Cambie el algodón en cuanto esté sucio.
Café: frote la mancha con un algodón empapado en vinagre blanco o agua oxigenada de 20 volúmenes, y aclare.
Cardenillo: prepare una mezcla de vinagre y amoníaco a partes iguales y, a continuación, pásela por las manchas con un algodón. Cámbielo en cuanto se ennegrezca. Mantenga las ventanas abiertas.

Mancha en un traje

Frote la mancha con un trozo de algodón empapado en agua oxigenada de 20 volúmenes. Déjela secar y aclare con agua. Repita esta operación hasta que la mancha desaparezca completamente.
Cera: intercale entre la mancha y la plancha un secante o un papel absorbente. La plancha caliente hará que la cera se funda sobre el soporte absorbente, que irá moviendo hasta que la mancha desaparezca por completo.
Cerveza: frote con una esponja empapada en agua tibia.
Cola: utilice disolvente para esmalte de uñas.
Chocolate: sobre una prenda de lana, frote con un algodón empapado en gasolina o en vinagre blanco. Si es de algodón, empápelo con agua y amoníaco, agua oxigenada o un poco de lejía, según la calidad y los colores de la ropa.
Dedos: para eliminar las manchas de los dedos en una bolsa de piel clara, los apoyacabezas de un sofá o apoyabrazos de un sillón, frote con un algodón empapado en alcohol de quemar.
Fruta: frote con un algodón empapado en alcohol de 90° o lave el tejido en agua muy caliente y lejía (siempre y cuando el tejido lo resista) o con un poco de agua oxigenada (previamente haga una prueba en un lugar que no se vea, un dobladillo o el interior de una costura, por ejemplo).
Fuel: tiene que cubrir las manchas de fuel en el suelo

con polvos de talco; 48 horas después, retire el talco y frote enérgicamente.

Grasa: estas manchas se van con agua tibia y jabón. En ropa de ante, limpie la mancha con un algodón empapado en éter y, a continuación, espolvoréela con talco. Espere un poco antes de cepillar muy suavemente, en círculos.

Hierba: si el tejido es sintético, lávelo primero con agua y jabón y después con un poco de agua y amoníaco. Aclare. Si es de algodón, lávelo con agua y lejía. Si es de lana, aplique a la mancha unas gotas de vinagre blanco y, a continuación, absórbalas con un trozo de algodón. Pruebe también el alcohol de 90°.

Huevo: lave con agua fría y pastilla de jabón. Si esto no funciona, pruebe con agua oxigenada, teniendo siempre en cuenta la tela y los colores.

Humedad: surge a menudo en las paredes, techos, junturas de bañera, lavabo o fregadero. Frótelos con una esponja empapada en lejía prácticamente pura, teniendo cuidado con sus manos y sus ojos. A continuación, aclare con agua. Realice este procedimiento con todas las ventanas abiertas.

Leche: frote con agua tibia y jabón.

Lejía: consiga tinte para ropa del mismo color que el tejido manchado. Pase el tinte por la mancha con un pincel y, a continuación, fíjelo con la plancha. Deberá repetir esta operación después de algunos lavados.

Mantequilla: absorba la mancha intercalando un secante entre ésta y la plancha caliente. Frote enseguida con una pastilla de jabón seca. Deje que el jabón actúe 15 minutos, antes de aclarar con agua caliente.

Maquillaje: frote el cuello de la blusa que se le ha manchado con un algodón empapado en alcohol de 90°.

Mermelada: retire la mermelada con la hoja de un cuchillo y, a continuación, frote la mancha con una esponja empapada en agua y vinagre.

Moho: si el tejido es de algodón blanco, frote con agua y lejía o con agua oxigenada de 20 volúmenes.

Óleo: límpiela con aguarrás.

Orina: en primer lugar frote con una bayeta y, a continuación, rocíe con agua con gas.
Óxido: utilice un producto especial que se vende en droguerías, o bien sal impregnada con zumo de limón puro.

Para cerraduras y llaves oxidadas

Frótelas con un trapo empapado en petróleo y, a continuación, suavemente, con papel de lija n.° 00. Sáqueles brillo. Protéjalas untándolas con aceite.

Perfume: en principio, desgraciadamente, no hay mucho que hacer. Si el tejido es algodón blanco, pruebe con agua oxigenada de 30 volúmenes o con unas gotas de agua y lejía.

Pintalabios: con un algodón empapado en éter o en agua oxigenada de 20 volúmenes.

Quemadura: frote la mancha con agua oxigenada, y prepárese para repetir la operación varias veces.

Rotulador: el mismo procedimiento que para las manchas de bolígrafo. En el caso del rotulador, empape el algodón en alcohol de 90° o en alcohol de quemar.

Salsa: límpiela sólo con agua caliente.

Sangre: ponga el tejido manchado en remojo en agua fría con mucha sal, y frote la mancha con vinagre blanco. Otra posibilidad: disuelva dos aspirinas en un poco de agua. Frote la mancha con un algodón empapado en esta solución hasta que desaparezca por completo.

Tinta: aplique sobre la mancha un algodón empapado en agua oxigenada de 20 volúmenes, el zumo de un limón o vinagre blanco. No frote; simplemente presione el algodón muy ligeramente. Repita esta operación hasta que la mancha desaparezca por completo. Tenga en cuenta el tejido y los colores.

Transpiración: limpie la zona manchada con agua y un poco de amoníaco o el zumo de un limón.

Vinagreta: aclare inmediatamente con agua fría. Si esto no surte efecto, utilice un quitamanchas a base de acetona y, a continuación, espolvoree con talco. Deje actuar 30 minutos y cepille.

Vino tinto: aplique inmediatamente vino blanco o agua oxigenada sobre la mancha, y el vino tinto quedará completamente descolorido.

Otros trucos

Para hacer desaparecer las manchas de óxido de las hojas de los cuchillos o de cualquier otra herramienta, frótelos con media cebolla cubierta de azúcar.
Qué hacer con un objeto pequeño: para eliminar el óxido de un objeto pequeño de hierro, por ejemplo de un cerrojo viejo, sumérjalo en una solución desoxidante: agua caliente y cloruro de estaño al 8 %. El objeto debe permanecer varias horas en remojo. Transcurrido este tiempo, saque el objeto, aclárelo y pásele amoníaco con un pincel. Aclárelo y séquelo en el horno o con un secador de cabello. Si el óxido es superficial, utilice una solución más suave: 65 % de petróleo y 35 % de aceite mineral.
Desbloquear las tuercas oxidadas: utilice un producto lubricante que deslizará por la rosca. También puede utilizar ácido oxálico.
Devolver al hierro su aspecto natural: sumerja el objeto en un baño de ácido clorhídrico diluido (10 %). Úntelo de amoníaco con un pincel, lávelo bajo el grifo y séquelo enérgicamente.

MANDARINAS

Para escogerlas

Escoja las mandarinas de piel fina y muy tersa: son las que tienen más zumo.

Para eliminar los olores ⇒ olores

Conserve las pieles de mandarina y póngalas a secar en una bandeja o en un cesto de mimbre. Cuando estén totalmente secas, guárdelas en un tarro de vidrio. Después de cocinar al horno, pescado, por ejemplo, o cualquier otro plato de olor persistente, coloque varias pieles de mandarina en el horno todavía caliente, dejando la puerta abierta, desde luego. El olor de las mandarinas se extenderá por la casa y dejará un perfume muy agradable, que acabará con los malos olores.

Las pepitas
Plante unas pepitas de mandarina y pronto verá surgir una planta verde muy bonita. Tenga paciencia, ya que esta planta es de crecimiento lento pero seguro.

MANTEQUILLA

Equivalencia
Una pizca de mantequilla representa media cucharita de café o cuatro gramos de mantequilla.

Rancia
De repente, descubre con horror que su mantequilla se ha puesto rancia. Introduzca rápidamente en la misma una zanahoria cortada en dos a lo largo. Si todo va bien, unas dos horas después la mantequilla habrá recuperado toda su frescura.

Más sabrosa
Es más sabrosa a temperatura ambiente, así que sáquela del frigorífico una hora antes de comerla.

Para reblandecerla
Pase por agua hirviendo la tarrina de mantequilla. Séquela o bien introdúzcala unos minutos en el horno. A continuación, sírvase de la mantequilla con la espátula.

Para eliminar el alquitrán
Unte la mancha con mantequilla, déjela actuar durante unos minutos y retire todo el alquitrán que pueda ras-

cando con la hoja de un cuchillo. Vuelva a frotar una pizca de mantequilla en la mancha. Unos minutos después, elimine la mancha de grasa con agua muy caliente y jabón.

MANZANAS

Manzanas al horno
Antes de asarlas úntelas con un poco de mantequilla fundida o con unas gotas de aceite.

Compota de manzanas
Añada un poco de canela y unos cuatro gramos de mantequilla a la cocción de la fruta.

Para las plantas verdes
Las rodajas de manzana cruda colocadas sobre la tierra de las plantas en macetas atraerán a los gusanos, con lo que se evitará tener que sacar la planta de la maceta.

Tisana
Guarde las pieles de manzana. Póngalas a secar e introdúzcalas en botes de vidrio. Podrá utilizarlas durante todo el año como tisana sedante a razón de un puñado de pieles por litro de agua. Bébase una taza una hora antes de acostarse.

Para que se conserven secas
Escoja manzanas bonitas y muy sanas. Lávelas pero no las pele. Córtelas en rodajas finas y colóquelas en una bandeja de mimbre al aire libre o al sol durante unos 15 días, o en la bandeja del horno a fuego muy suave. En cualquier caso, puede utilizar el horno para completar la operación y conseguir así que las rodajas de manzana queden totalmente secas. Colóquelas inme-

diatamente en tarros de vidrio o, mejor, en bolsitas de tela que colgará en un lugar aireado.

MANZANILLA ⇒ tisanas

Aperitivo
Le proponemos una utilización obviamente muy distinta de la que a menudo se reserva a esta flor. En un litro de vino blanco o tinto de buena calidad, ponga a macerar durante cinco días 40 flores de manzanilla, 20 gramos de piel de naranja amarga (se vende en herboristerías), 40 terrones de azúcar y un vaso de ron. Fíltrelo y sírvalo como aperitivo con cubitos de hielo; es sorprendente y delicioso.

MARCOS

Cuando quite el polvo a los muebles, recuerde limpiar también el de los marcos con un trapo de lana muy suave.

Para devolverles el brillo
Frote muy suavemente los marcos dorados con un trapo de algodón limpio mojado en clara de huevo batida.

De yeso dorado
Quite el polvo a los marcos con un trapo de lana y, a continuación, páseles un pincel mojado en agua y jabón; aclárelos con una esponja y séquelos con un trapo suave que no deje pelusa.

Para renovarlos
En primer lugar limpie el polvo del marco. Prepare des-

pués una mezcla con una clara de huevo bien batida y una cucharadita de lejía. Unte esta mezcla en el marco con un pincel de pelo flexible, déjela actuar uno o dos minutos como máximo. Después debe aclararla varias veces con agua.

MARFIL Y CAREY ⇒ carey

La limpieza debe realizarse con un trozo de algodón ligeramente empapado en alcohol de quemar. Las manchas desaparecen con alcohol al que se le habrá añadido blanco de España.

La capa amarilla del marfil puede eliminarse con una pasta de blanco de España y agua oxigenada de diez volúmenes. Se extiende y, a continuación, se deja el objeto al sol. Cuando la pasta está seca, se retira con un trapo húmedo y, una vez hecho esto, se seca con un trapo muy suave.

Corregir las grietas del marfil

Calentar el marfil junto a un radiador, sin ponerlo encima. Fundir cera blanca de vela en una cazuela. Cuando el marfil esté tibio y la cera fundida, sumerja aquél en ésta y déjelo varios minutos para que la cera penetre bien en las grietas. Saque el objeto y límpielo con un trapo suave.

MÁRMOL ⇒ muebles ⇒ manchas

Si quiere que se le conserve en buen estado, no lo limpie nunca con ácido, lejía o cualquier otro producto abrasivo. El resultado sería nefasto y el mármol quedaría totalmente irrecuperable.

Para quitar las manchas

Si ha manchado el mármol de su chimenea o la parte superior de un mueble con zumo de frutas o con cualquier otra bebida, pase por las manchas un algodón empapado en amoníaco. Este remedio sirve también para las manchas que dejan los cigarrillos.

Para quitar las manchas del mármol claro

Frote los objetos, los mostradores o las partes superiores de la chimenea con una esponja empapada en la siguiente mezcla: dos cucharadas soperas de sal fina diluidas en cuatro cucharadas soperas de agua oxigenada de 20 volúmenes. Deje que el mármol se seque, aclárelo, encérelo y sáquele brillo con un trapo suave que no deje pelusa.

Para renovarlo

A menudo, cuando la chimenea ha permanecido encendida durante bastante tiempo, el mármol se pone amarillo e incluso se quema superficialmente. Frótelo con jabón negro utilizando para ello una esponja, así evitará que el mármol se raye. Aclárelo inmediatamente con agua y pásele una cera blanca, que lo protegerá hasta el invierno siguiente.

Mancha de grasa

Frote la mancha en círculo, procurando no extenderla demasiado, con un algodón bien empapado en gasolina. Hágalo cuando la chimenea esté apagada, desde luego...

Mancha de óxido

Las pequeñas manchas de óxido atacan a menudo las placas de mármol. Frótelas en círculo con un trozo de algodón empapado en agua oxigenada de 20 volúmenes o en zumo de limón.

Grietas en el mármol

Las grietas del mármol pueden repararse: utilice cemento de magnesio que mezclará con el polvo que se obtiene de lijar un trozo pequeño del propio mármol, que se encuentre en una zona invisible. Pulverice este polvo hasta dejarlo muy fino y formar, junto con el cemento, una pasta bastante untuosa. Limpie bien la grieta con lejía alcalina. Introduzca la pasta sin preocuparse demasiado por el acabado exterior. Espere 48 horas y, cuando la pasta se haya secado totalmente, púlala con una piedra pómez húmeda. A continuación, cuando todo esté totalmente seco, aplique una mezcla de trementina (25 partes) y de cera blanca (6 partes). Unos días después, limpie el mármol siguiendo el procedimiento habitual.
Si la grieta es profunda, proceda en dos veces: rellene el fondo con una pasta semilíquida; cuando se haya endurecido (24 horas) introduzca una pasta más sólida.

MARTILLOS

Los martillos sólo deben golpear materiales metálicos. Si desea golpear sobre herramientas con mango de madera, utilice un mazo.

MASILLA

Para reblandecerla
Caliente la masilla sobre una cazuela con agua hirviendo o con un secador de cabello. Amásela hasta que recupere toda su maleabilidad.

Para conservarla
Cuando todavía esté húmeda, guárdela en una bolsa de plástico o en un recipiente lleno de agua.

Para extraerla
Caliente la madera de la ventana con el secador. El calor reblandecerá la masilla, que se podrá extraer fácilmente con un cuchillo.

MAYONESA

Para que no se le corte
Todos los ingredientes deben estar a la misma temperatura, así que, no olvide sacar el huevo del frigorífico una hora antes de preparar esta salsa. Una forma de hacer la mayonesa sin riesgo de que se le corte es removerla con un diente de ajo pinchado en el extremo de un tenedor. De este modo, además, quedará espesa y sólida.

Para «recuperarla»
Mezcle una cucharadita de mayonesa cortada con una cucharadita repleta de agua o de leche fría. Incorpore la mezcla al resto de la mayonesa cortada. En principio, este procedimiento debe funcionar. También puede intentar añadir una gota de vinagre a la mayonesa cortada.

Más digestiva
Añada al final de la preparación un chorrito de zumo de limón.

Coloreada
De rosa, si añade un poco de salsa de tomate.
De verde, con una cucharada de finas hierbas picadas.
De amarillo fuerte, con un poco de curry.

Mayonesa de régimen o sin apenas calorías
Utilice como ingredientes aceite de parafina, zumo de limón, una yema de huevo, la misma cantidad de mostaza, dos o tres cucharadas soperas de leche concentrada desnatada y pimienta.

MEJILLONES

Para limpiarlos
Póngalos unos minutos a remojo en agua fría con mucha pimienta. Al «bostezar», expulsarán las impurezas y resultarán más agradables de consumir.

MELOCOTONES

Los melocotones son una fruta muy digestiva, rica en sales minerales y en vitaminas A, B_1 y B_2.
En sorbete, acompaña exquisitamente los pasteles de chocolate. Ponga cuatro o cinco melocotones bien limpios y troceados en el recipiente de la picadora. Añada 100 gramos de azúcar glaseado y el zumo de un limón. Píquelo unos segundos e introdúzcalo inmediatamente en el congelador, colocado en recipientes pequeños totalmente cerrados. Si permanecen destapados,

este sorbete se oxida con rapidez y su consumo resulta nocivo.

MELONES

Sepa escogerlos

Escoja los melones que huelan bien, pesen bastante y no sean ni muy verdes ni muy blancos. Frescos resultarán más sabrosos, pero helados pierden un poco de aroma.

MERMELADAS

Para suprimir la espuma

Si en el momento de incorporar la fruta añade también media cucharadita de mantequilla en el recipiente, la espuma será prácticamente inexistente.

Para que se conserven mejor

Antes de tapar los botes de mermelada, espolvoréelos con azúcar.

Para evitar que se enmohezcan

Antes de tapar los botes, eche unas gotas de alcohol de 90° en la mermelada.

Para el invierno

Conserve la pulpa de sus jaleas de confituras (grosellas, casis, frambuesas, fresas, etc.) y podrá realizar con ella sorbetes o helados. Basta con recuperar la fruta triturada, pasarla por la batidora con el zumo de un limón, introducirla en botes y almacenarla en el congelador. También se puede conservar esterilizándola. Podrá acompañar los quesos frescos del invierno.

Para llenar los botes
No siempre resulta sencillo. Evitará quemarse si utiliza una cuchara de salsa o un cucharón pequeño. No correrá el riesgo de que el bote se agriete si lo envuelve con un trapo húmedo.

Etiquetas
Dibuje frutas diversas en un papel blanco (ciruelas, grosellas o cualquier otra según la mermelada que haya preparado). Confeccione también pequeñas «fundas» para las tapas recortando trapos viejos de cuadros de color azul o rojo, o bien hágalos con ganchillo. Puede parecer algo anticuado, pero es muy atractivo.

MESA (DISPOSICIÓN DE LA)

Los vasos
Colóquelos delante de los platos por orden de tamaño.

El vaso de agua, el más grande, a la derecha; a continuación, el vaso de vino blanco, el vaso de vino tinto, que es más pequeño, y por último la flauta de cava, ligeramente retirada.

Los platos
Evite los motivos recargados; opte por modelos clásicos que quedan bien en cualquier circunstancia. El plato destinado al entrante debe ser más pequeño que el previsto para el plato principal.

Los cubiertos
Por orden de utilización (para los diestros, desde luego): a la derecha la cuchara, a continuación el cuchillo, a la izquierda el tenedor, entre el vaso y el plato el cuchillo de queso, con el mango hacia la derecha.

Los portacuchillos
Evítelos, ya que en realidad no son de muy buen gusto, salvo que se trate de una comida familiar más relajada, en la que puede usarlos para proteger el mantel.

Las servilletas
Pliéguelas intentando darles una forma bonita y colóquelas en el centro del plato o a la derecha de los tenedores.

Los invitados
El anfitrión y la anfitriona se sientan frente a frente en el centro de los extremos de la mesa. El invitado de honor, el de más edad o «el nuevo», siempre a la derecha de la anfitriona. Al distribuir los lugares, procure respetar la alternancia de sexos de sus invitados. Si hay muchos niños, lo más adecuado es instalarlos en una mesa pequeña aparte: tanto ellos como los adultos lo agradecerán.

La fruta

En una comida algo formal, lo mejor es no servir fruta, evitando así incomodar a sus invitados. La mayoría de la fruta debe comerse o pelarse con la mano.

Las manzanas, las peras, los melocotones y las piñas deben comerse con cubiertos. Córtelas primero en cuatro trozos, sujetando la fruta con la mano con ayuda del tenedor. A continuación, pele la fruta siguiendo este mismo procedimiento.

Como agradecimiento

Aunque en algunos países no hay costumbre de llevar postres, ni botellas de vino o cava y en el nuestro tampoco se estila en determinados ambientes, puede hacerse según el tipo de relación o amistad. En caso de duda puede optarse por una caja bonita de bombones. Procure también no presentarse con un enorme ramo de flores, ya que la anfitriona estará muy ocupada a causa de la recepción y probablemente no tenga tiempo de ponerlas en agua. Puede enviarlas al día siguiente, con una nota de agradecimiento. También le proponemos llevar ramos pequeños o una orquídea empaquetada en una caja transparente. Es un detalle bonito, discreto y refinado.

METALES

Los artículos detallados a continuación se han reagrupado para que usted los pueda localizar con mayor comodidad. No son equivalentes a las entradas individuales dedicadas a los mismos.

El oro

Limpiar un objeto de oro: sumerja el objeto durante algunos minutos en un recipiente con agua tibia a la que habrá añadido unas gotas de detergente líquido tipo lavavajillas. Pase un pincel por las partes angulosas y los rincones, y a continuación frote con una gamuza, manteniendo el objeto todavía sumergido. Aclárelo después con agua fría y séquelo con una gamuza.

La plata

Dos técnicas para que las piezas de plata recuperen su bonito aspecto:

Necesitará un recipiente de aluminio, medio litro de agua caliente a 50 °C y una cucharada pequeña de sosa. Ponga a calentar el agua y la sosa e introduzca las piezas de plata. En las paredes del recipiente se formará una capa negruzca que es preciso retirar con cuidado.

Para la segunda técnica necesita forrar un recipiente de vidrio con una hoja de aluminio. Introduzca en el recipiente el objeto de plata y vuelque la solución que se indica anteriormente (medio litro de agua + una cucharada pequeña de sosa), después de que ésta haya alcanzado los 90-100 °C, se producirá una reacción (burbujas); espere unos segundos y aclare abundantemente con agua caliente. Utilice guantes de goma para realizar estas operaciones. Si lo que limpia es metal plateado, debe ser rápido y prudente, ya que el baño de plata del «metal plateado» es especialmente fino.

Si algunas manchas se resisten: trátelas con un algodón empapado en agua y unas gotas de amoníaco.

Atención: Los cuchillos con mango de plata cuyas hojas se prolongan hasta el interior de dichos mangos no resisten ninguna de estas dos técnicas.

El estaño

Para que adquiera un brillo bonito, frótelo con un trapo ligeramente engrasado y espolvoreado con un poco de blanco de España. También existen lacas para que el estaño conserve su brillo.

El bronce (cobre + estaño)
Para que conserve su pátina natural, frótelo con un trapo esponjoso muy seco. Los objetos de bronce que están expuestos a la intemperie presentan una corrosión de color verdoso. Puede eliminar esta corrosión con un cepillo de cobre (no de hierro, ya que lo rayaría). A continuación, pásele una esponja mojada en agua y vinagre (90 % de agua, 10 % de vinagre), lávelo y aclárelo. Eventualmente, utilice una bayeta espolvoreada con un poco de blanco de España.

El cobre
El cobre mal conservado queda cubierto de una capa de cardenillo que puede eliminarse con una pasta espesa de yeso + alcohol de quemar. Aplíquela con un trapo suave.
Utilice de vez en cuando un estropajo de hierro muy fino, póngase guantes y actúe con cuidado para no rayar el metal. Para darle brillo, utilice los productos que se venden en las droguerías. Si la situación es desesperada, utilice la máquina de taladrar (el disco especial para ello).
El cobre se barniza (atención a los vaciados), y de esta forma puede conservarse brillante durante años. Utilice acetona para renovar el barniz. Si lo quita todo, lávelo, séquelo y vuelva a barnizarlo.

Otra receta para el cobre
Sumérjalo en una solución caliente: 100 gramos de sosa (cristales) y 100 gramos de sal marina por litro de agua. Déjelo en remojo durante 30 minutos, después aclare abundantemente y espere hasta que esté seco. Proceda con un limpiametales, como de costumbre. **Atención:** utilice guantes de goma.

El latón (cobre + cinc)
Para restaurar el latón, puede lavarlo enérgicamente con agua y detergente y, a continuación, frotarlo con una solución de agua (un litro) + sal (una cucharada pequeña)

+ vinagre (dos cucharadas pequeñas). En los lugares difíciles utilice un cepillo de dientes viejo mojado en agua con amoníaco.
Si el latón está muy corroído, como puede sucederles a los objetos viejos abandonados durante mucho tiempo en los altillos, sumérjalo en una solución de agua caliente y sosa.

MIEL

Las abejas, que fabrican diligentemente la miel desde hace millones de años, se organizan en sociedades perfectamente «programadas». Recogiendo el néctar y el polen de las flores que liban, estos insectos aseguran a la vez la reproducción de dichas plantas y flores, ya que transportan de una a otra el preciado polen que las fecundará. Esta asociación entre animal y vegetal se inscribe así en un ciclo vital especialmente ingenioso. La miel, que es el resultado de este proceso, posee pues un carácter cósmico que nos permite confiar totalmente en sus cualidades.
La miel contiene un sinfín de cualidades... es el alimento por excelencia. Posee numerosas virtudes, gracias a su capacidad de asimilación y a sus propiedades antibacto ricidas. Pero debe ser de excelente calidad.
Cuando vaya a comprarla, escoja la miel en botes de vidrio transparentes, ya que de esta forma podrá constatar su consistencia.
Debe ser líquida o sólida; algunas mieles de mezcla o de mala calidad son semisólidas o semilíquidas. ¡No las compre! No dude en sustituir el azúcar habitual por una cucharada de miel, incluso si sigue un régimen de adelgazamiento.
100 gramos de miel = 310 calorías, 100 gramos de azúcar = 400 calorías.

¿Miel de abejas o artificial?[1]
Para saberlo, mezcle en un frasco hermético dos cucharadas de miel con cinco de alcohol de 90°.
Agite enérgicamente y déjelo reposar aproximadamente una hora. La miel artificial dejará en el fondo del frasco un depósito de almidón. La miel de abeja no dejará depósito alguno o, en todo caso, unos granitos finos.

Para que se conserve
Se conservará intacta si coloca los botes en un lugar protegido de la luz y de la humedad.
Si observa que han surgido burbujas pequeñas y que huele un poco mal, tírela; la miel habrá fermentado y no será adecuada para el consumo.
Si está demasiado cristalizada y no puede utilizarla porque se ha quedado muy dura, caliéntela despacio en una cazuela esmaltada (o de acero inoxidable) o, mejor todavía, en un recipiente de gres, al baño maría.

Para las verduras nuevas (zanahorias, nabos...)
Cúbralas de caramelo sustituyendo el azúcar habitual por una cucharada de miel, que añadirá a la mantequilla.

Bebida refrescante
Ponga a fundir al baño maría 150 gramos de miel sólida (o más cantidad, si lo prefiere) y remueva suavemente. En cuanto esté fundida, añada un poco de agua para que la miel conserve su liquidez. Ponga en una garrafa grande el zumo de dos o tres limones, añada la miel, llene el resto con agua fría, remueva todo el contenido y sírvalo con cubitos.

En la licuadora
Pase por la licuadora dos zanahorias, un limón verde y

1. Algunos tipos de miel se preparan realizando distintas mezclas a las que se añaden productos enriquecedores. Asimismo, ciertas colmenas se alimentan con productos azucarados, de forma que las abejas no realizan realmente su trabajo.

una manzana verde. Añada a la mezcla obtenida dos cucharadas de miel.
Esta bebida es muy tonificante si se consume por las mañanas.

Meriendas de invierno: los *gofres* con miel
Prepare una masa con 500 gramos de harina, 200 gramos de miel líquida (o fundida al baño maría), cuatro huevos grandes o cinco pequeños y un poco de sal fina. Mezcle todos los ingredientes hasta obtener una masa de *gofres* lisa y sin grumos. Extiéndala con el rodillo y después córtela en trozos, que cocinará en una parrilla para *gofres* con abundante mantequilla.
Puede añadir una cucharada de ron a la preparación de esta masa.

Masa para galletas
Cuando prepare esta masa, sustituya el azúcar por miel; funda y bata la miel hasta que quede suave.

Pan duro
Véase esta entrada. Sustituya la cantidad de azúcar que se indica en la receta del pastel por miel líquida o fundida al baño maría.

Para cabellos débiles, secos o frágiles
En un bol de gres o de vidrio, mezcle con una cuchara de madera una yema de huevo, dos cucharadas de café de miel fundida o líquida y una cucharada de café de aceite de oliva. Aplíquese esta mezcla regularmente en la raíz del cabello y cúbraselo con una toalla caliente. Déjela actuar unos 20 minutos y, a continuación, lávese el cabello con un champú suave.

Para pieles muy secas
Prepare una mascarilla con una cucharadita de miel líquida y media cucharadita de aceite de oliva; aplíquesela suavemente en la cara y deje que actúe durante unos diez minutos. Aclárese abundantemente con

agua mineral. Repita esta operación una o dos veces por semana, sobre todo los días en que haga mucho frío.

Mascarilla para pieles grasas

Mezcle una cucharada sopera de miel líquida, media cucharadita de arcilla verde extrafina (se vende en farmacias) y unas gotas de limón para que cuaje. Aplíquese esta mascarilla en la cara y deje que actúe unos diez minutos. Aclárese abundantemente con agua mineral y, a continuación, utilice su crema de día habitual antes de maquillarse.

***Peeling* y acné**

Una vez por semana, frótese la cara con una miel granulosa. Hágalo suavemente y en círculos, sobre todo en la frente, las aletas de la nariz y las mejillas, evitando el contorno de los ojos. Este *peeling* natural atenuará los granos del acné y hará que desaparezca la piel muerta sin provocar irritación.

Para aliviar las quemaduras, las picaduras de insectos y desinfectar las pequeñas heridas

Aplique suavemente, en círculos, un poco de miel líquida en la zona quemada o infectada; puede protegerla con una gasa.

Para las picaduras de insectos, aplíquese la miel, pero en esta ocasión frotando con bastante fuerza para que penetre.

Para luchar contra la falta de energía

Tómese en ayunas una cucharada sopera de miel líquida o sólida; deje que se funda lentamente en la boca. No coma nada más en la media hora siguiente. Repita el tratamiento cuando se vaya a dormir, es decir media hora antes de lavarse los dientes. Un mes después de iniciado el tratamiento debería comenzar a percibir una clara mejoría.

Para luchar contra los dolores reumáticos
Frótese la zona dolorida con miel caliente, que previamente habrá fundido hasta obtener una pasta. Cubra la zona con una gasa o una venda pequeña.

Miel de acacia
Es reconstituyente y no se solidifica nunca, por mucho frío que haga.
Se aconseja para endulzar los biberones de los bebés. Los diabéticos también pueden consumirla en pequeñas cantidades.

Miel de brezo
Es diurética, aunque un poco áspera; se considera un eficaz antiséptico en caso de cistitis, reumatismo e infección intestinal.

Miel de lavanda
Es de color claro y se aconseja en caso de problemas pulmonares, migrañas o insomnio. También es buena sustituta del vermífugo, cuando los niños tienen lombrices.

Miel de romero
De color claro y granos muy finos, se recomienda a quienes tienen problemas hepáticos. Por sus cualidades estimulantes, es muy aconsejable también para los bebés y para las personas cansadas o estresadas. Es perfecta para estimular las funciones intestinales y los estómagos de digestión lenta.

Miel de tilo
Es calmante, tranquilizante, relajante, así que puede utilizarla para endulzar una tisana, sobre todo si está nervioso o si sufre de espasmos estomacales o intestinales.

Miel de pino
La mejor para calmar la tos persistente.

Miel de trébol
Sus granos son finos y resulta fácil de untar. Se aconseja tomarla antes de realizar un esfuerzo físico y dársela a los niños los días que tienen gimnasia.

Miel de colza
Blanca y suave, de color muy claro y de rápida cristalización. Se utiliza principalmente fundida para las masas de galletas, las bebidas refrescantes y las mascarillas de belleza.

Miel de mil flores
Si va a comer abundantemente, no dude en tomar media hora antes de la comida una cucharada sopera de esta miel. Facilitará la digestión y la asimilación de los demás alimentos.

Miel de tomillo
Gracias a sus virtudes antisépticas, se emplea normalmente en caso de problemas urinarios, intestinales y

pulmonares. También combate las flatulencias digestivas y estimula el apetito.

Miel de abeto
Es casi negra, amarga y a la vez muy dulce, y nunca se solidifica. Se utiliza en caso de bronquitis, gripe, resfriado y asma.

Miel de alforfón
En caso de desmineralización, la miel de alforfón tiene la propiedad de fijar los oligoelementos. Tómese de dos a tres cucharaditas o utilícela para endulzar un líquido, por la mañana y por la noche durante como mínimo dos meses. Con toda seguridad volverá a sentirse en forma.

MIMBRE

Para limpiar
Sus cestos, paneras o muebles del jardín de mimbre blanco han adquirido un color grisáceo. Lávelos con agua y lejía o con agua y mucha sal. Aclárelos con agua, déjelos secar, si es posible a la sombra, y recuperarán totalmente su blancura.

BUENOS MODALES

Aunque es cierto que algunas normas de educación de antaño resultaban excesivas, es una pena que tengamos que sacrificarlas todas. Considere los consejos que le ofrecemos a continuación.
No olvide que un niño que acepte de buena gana ciertos principios básicos, se adaptará mejor a la vida adulta.

Enséñele cuanto más joven mejor a dar las gracias con un gesto o una sonrisa, a que no le cierre la puerta en las narices y a que no se eche sobre la mesa. Hágale entender que su habitación es su zona privada, fuera de la cual debe aprender a respetar a los demás. Hable a un bebé sin hacer tonterías. Las palabras ocuparán poco a poco el lugar que les corresponde en su organigrama cerebral. Sin embargo, evite al niño las visitas de cortesía, en las que se muere de aburrimiento y en las que a veces tiene la impresión de ser un bicho raro. Tolere algunas palabras de moda que los niños utilizan entre sí.

MOQUETAS

Para trasladar los muebles
Si empuja los muebles puede estropear la moqueta. En lugar de ello, deslice bajo los pies de los mismos un trozo pequeño de cartón, y de esta forma podrá trasladar los muebles sin correr riesgos.

Para eliminar las marcas
Al cambiar un mueble de sitio, queda una marca en el lugar donde se apoyaban las patas. Planche la zona (sin utilizar vapor), teniendo la precaución de intercalar un trapo limpio entre la moqueta y la plancha. A continuación, cepille enérgicamente en sentido opuesto al pelo.

Para quitar las manchas ⇒ manchas
Algunas manchas resisten el agua y los productos de limpieza convencionales. Compre en la droguería un quitamanchas en polvo. Espolvoréelo sobre la mancha y cúbralo con papel absorbente. Pase la plancha por encima con el termostato en el programa para lana, y cambie el papel hasta que la mancha desaparezca por completo.

Mancha de barro
Espere hasta que el barro esté seco y después frote enérgicamente haciendo círculos. Si quedan huellas del mismo, utilice una esponja empapada en agua y vinagre. Aclare, deje secar y vuelva a cepillar para que el pelo quede levantado.

Quemadura de cigarrillo en la moqueta
No se enfade: ¿ha conservado, por casualidad, un trozo de ella? Si no es así, busque un lugar que esté menos a la vista y corte un trozo que colocará en la superficie quemada. Con un cúter corte los dos trozos de la misma medida, saque el trozo quemado y sustitúyalo por el trozo intacto, tras haber puesto cola especial para tela en el hueco.
Procure respetar el sentido de las hebras de la moqueta para que no se pueda apreciar diferencia alguna respecto al resto de moqueta.
Coloque el trozo de moqueta con la quemadura en el agujero de donde extrajo el trozo intacto; al estar en un lugar menos visible, pasará desapercibido más fácilmente.

Mancha de vino
Vierta inmediatamente un vaso de agua con gas en la mancha. A continuación, absorba el líquido con una esponja o con un trozo grande de papel absorbente. Sobre todo, procure no extenderla.

MOSTAZA

Un poco rancia
Si está un poco ajada, no resulta demasiado presentable. Eche en el bote unas gotas de limón o de vinagre y remueva suavemente.

Para que se conserve
Cierre siempre el bote herméticamente y limpie el borde para evitar que queden esos restos secos tan desagradables. Se conservará siempre en buen estado si coloca una rodaja de limón bajo la tapa.

Mantequilla a la mostaza
Esta salsa realza el gusto de las carnes blancas o a la plancha. Mezcle 130 gramos de mantequilla, dos cucharaditas rasas de mostaza fuerte, un poco de sal y una cucharada sopera de zumo de limón (filtrado).

Hágala usted mismo
Utilice un bote de gres o de barro barnizado. Mezcle con una espátula de madera 250 gramos de granos de mostaza rubia (que puede comprar en una herboristería) que habrá machacado, con nueve cucharadas de aceite (de cacahuete, de nuez o de girasol) y sálelo ligeramente. Añada poco a poco medio litro de vino blanco seco y tape el recipiente con un tapón de corcho. Déjelo macerar más de un mes. Puede aromatizar esta mostaza a su gusto, añadiendo estragón, chalotes o limón.

MUDANZAS

Puede hacer las mudanzas por su propia cuenta, alquilando un vehículo o utilizando el suyo, pidiendo ayuda a compañeros o a los más fuertes de la familia. **Recuerde** que en caso de accidente físico o material su compañía de seguros no le cubrirá.
Por eso, lo más sensato es recurrir a un profesional. Ante todo, infórmese de las distintas empresas de mudanzas que trabajan en su ciudad o región.
Pida tres presupuestos en los que estén incluidos el seguro y el IVA.
Una vez efectuada la mudanza, anote en el albarán de

descarga «sin previa verificación»; y de esta forma dispondrá de tres días para señalar los desperfectos por carta certificada.
Conserve la factura durante un año.
Los transportistas no se hacen cargo de las bombonas de gas, de los extintores ni de ciertas botellas de vino y de alcohol sin autorización.

Efectúe los trámites como mínimo una semana antes del día D
Avise de su nueva dirección al banco, a la Seguridad Social, a Hacienda y a su compañía de seguros. Recuerde solicitar rápidamente teléfono en la nueva dirección, dé de alta los contadores de agua, gas y electricidad y cambie el contrato del seguro de su vivienda.
Si ha cambiado de localidad, recuerde censarse. Y si tiene hijos, búsqueles rápidamente escuela.

Algunos trucos contra los nervios o el pánico
Tenga a mano algunas herramientas indispensables o, mejor aún, una caja de herramientas.
Anote en cada caja el contenido de la misma y el destino; por ejemplo, vajilla-cocina, objetos frágiles-cuarto de baño, etc.
Sus animales domésticos y los objetos muy frágiles (por ejemplo, máquinas de fotografía, componentes del equipo de Hi-Fi, etc.) deben viajar con usted.

MUEBLES

Mantenimiento
Frótelos de vez en cuando con un trapo empapado en aceite de lino; no hay nada mejor para renovar un mueble de madera que esté muy apagado. Quedarán brillantes si, antes de encerarlos, los frota con un trapo ligeramente empapado en vinagre blanco.

Decapar un mueble encerado
Para retirar las diversas capas sucesivas de cera, frote el mueble con un trapo empapado en alcohol de quemar. Ya sólo le quedará volver a encerarlo.

Para limpiar un mueble que esté muy sucio
Acaba de descubrir en un rincón del desván o ha comprado en un mercadillo un mueble muy bonito cubierto de polvo y de manchas que ha ido acumulando con los años. Límpielo con un estropajo mojado en agua y lejía (un vaso de lejía por cinco litros de agua). Aclárelo y séquelo rápidamente. Espere a que la madera esté completamente seca antes de encerarlo.

Para disimular una raya
Repase la raya con un lápiz de *kohl*. Después, frote con un trapo de lana, si el tinte lo permite, desde luego.

Muebles de bambú
Si sus muebles de bambú no están barnizados, envejecerán muy mal. Frótelos una o dos veces al año con una esponja empapada en vinagre blanco. Se aconseja encerarlos con cera de abeja, lo que facilitará su conservación.

¡Cuidado con la carcoma!
La carcoma, insectos a los que les gusta la madera, atacan especialmente los muebles de bambú. En cuanto aparezcan agujeritos, trate inmediatamente la madera con un insecticida, pulverizando bien el interior de las galerías dos días seguidos.

Muebles con cobre dorado
Limpie los dorados con un algodón empapado en agua y jabón, a la que se habrá añadido unas gotas de amoníaco. A continuación, encérelos y, aunque no deslumbrantes, quedarán con un brillo satinado.

Para eliminar una ampolla
Pueden aparecer ampollas en un mueble chapado, sobre

todo a causa de la humedad. A menudo los armarios de las casas de campo suelen ser de este tipo. Aplique sobre la ampolla un trapo limpio o un trozo de papel absorbente doblado en tres pliegues, y luego pase la plancha sobre el mismo. En ningún caso utilice el sistema a vapor. El calor suave reblandecerá la cola situada bajo la chapa, que de esta forma volverá a colocarse en su lugar. A continuación, presione durante bastante tiempo hasta que la ampolla haya desaparecido por completo. Si este método no surte efecto, inyecte en la ampolla con una jeringuilla un poco de cola para madera y presione hasta que se seque.

Puertas

No vuelva a sobresaltarse a causa de los golpes de las puertas de sus armarios de cocina. Sólo tiene que pegar junto al imán de las mismas un círculo pequeño de fieltro o un trozo de tira adhesiva de espuma o de goma.

Marcas de golpes

Aplique un trapo húmedo sobre la zona estropeada y presione suavemente con la plancha caliente. En la mayoría de los casos, el vapor endereza las fibras de la madera. Puede repetir esta operación varias veces.
Si la operación no ha tenido éxito, rasque el barniz con una cuchilla de afeitar y, a continuación, aplique un trozo de guata empapada en agua caliente, que sostendrá con un trapo para no quemarse los dedos. Seque inmediatamente y repita la operación si fuera preciso.
Si está reparando una zona vertical del mueble, coloque un trapo debajo de la misma para evitar que el agua caliente se derrame y estropee la parte inferior del mueble.

Manchas provocadas por un objeto caliente o húmedo

Un cerco negruzco procede de un objeto caliente y uno blancuzco de un objeto húmedo.
Si se trata de un mueble barnizado con muñeca, pruebe en primer lugar frotando cera; si la mancha persiste, in-

tente el siguiente remedio: ponga la zona a limpiar en posición vertical y empápela con un algodón impregnado en alcohol. Prenda fuego al alcohol y apáguelo rápidamente: con toda seguridad los cercos blancos habrán desaparecido; continúe con la cera hasta recuperar el brillo.

Para los cercos negros y los blancos que se han resistido al fuego, pase un papel de lija (n.° 00) por la zona manchada, limpie el polvo con un trapo suave húmedo y, a continuación, vuelva a barnizar con muñeca.

Si los cercos siguen resistiéndose, será preciso rascar toda la superficie con una cuchilla de afeitar y después pulirla antes de volver a barnizarla.

Si se trata de un mueble barnizado al celuloide, intente limpiar la mancha con un líquido abrasivo muy ligero; frótelo con un trapo suave, púlalo antes de que esté totalmente seco y lústrelo con cera sólida. Si no lo consigue, pruebe el método del alcohol descrito anteriormente. Si éste tampoco da buen resultado, pase un papel de lija (n.° 00) por la parte manchada. Como último recurso, extienda un poco de mantequilla en la zona estropeada, aplique ceniza de cigarrillo sobre la mantequilla y pase la yema de un dedo por esta zona para que la mancha quede bien impregnada. Frote después con el extremo de un tapón de corcho forrado con una tela suave.

Quemaduras de cigarrillo

Si la quemadura es superficial, una pequeña mancha de color negro, emplee el método de la mantequilla y la ceniza de cigarrillo. Si no es así, la cuchilla de afeitar permitirá eliminarla, pero será preciso volver a barnizar la superficie.

Si la quemadura es profunda, hay dos posibilidades: en madera maciza, es preciso extraer una fina capa de madera de toda la superficie, cepillar, pulir y volver a barnizar; en madera chapada, es preciso recortar la chapa de la zona estropeada, siguiendo una forma sencilla aunque no geométrica para que no llame la atención; busque en una zona del mueble que no se vea demasiado un trozo

equivalente y calque con exactitud la pieza que previamente habrá despegado; saque la nueva pieza y péguela en el lugar adecuado.
Esta operación es muy delicada, pero puede funcionar con un poco de habilidad y algo de buena suerte. Al intercambiar los dos trozos, el trozo estropeado habrá quedado en una zona mucho menos visible, siguiendo de esta forma el proverbio chino que afirma que «más vale tener una verruga en mitad de la espalda que tenerla en mitad de la frente».

Manchas de tinta
Manchas pequeñas superficiales: papel de lija n.° 00, dando toques suaves.
Manchas más profundas: *a*) extraiga la cera, y *b*) moje una pluma en ácido oxálico disuelto en agua caliente o en lejía pura y aplíquelo solamente en la zona manchada. Repita la operación si el resultado no es satisfactorio la primera vez. Limpie bien la zona con una esponja mojada procurando no empaparlo todo. Cuando esté bien seca, pásele un papel de lija del n.° 00 y vuelva a encerarlo.

Rasguños profundos
Véase «Marcas de golpes». También se puede enmasillar con cera sólida (todo el mundo conoce la cera para sellar) siempre y cuando se encuentre el color adecuado. Introduzca la cera gota a gota en el rasguño de la madera. También puede utilizar goma laca calentada levemente y aplicada gota a gota.
Inmediatamente después, alise la cera con la hoja de un cuchillo poco caliente o con el dedo. A continuación, pase un papel de lija del n.° 00.

Insectos y muebles antiguos
En los muebles macizos, cuando se constata la presencia de agujeros en la madera suele ser ya demasiado tarde... Si el mueble es antiguo, de esta forma parecerá mucho más auténtico, lo cual es un consuelo. Si quiere plantar cara a los insectos, puede utilizar cualquiera de los nu-

merosos productos que se encuentran en el mercado. Puede utilizar un pincel o un pulverizador, pero no hay nada como la jeringuilla de farmacia, que permite inyectar un poco de líquido en cada agujero. ¡Atención!, estos productos son peligrosos para la piel y los ojos en caso de alguna salpicadura.

Sillas o mesas cojas
Le ofrecemos un truco muy sencillo para arreglar una silla coja sin tener que cortar todas las patas continuamente, con el consiguiente riesgo de que acabe convertida en un reclinatorio:

1. Calce la silla coja introduciendo bajo la pata más corta un trozo de contrachapado del grosor adecuado.
2. Aproxime un tubo de cartón a esta pata y haga un agujero que esté exactamente al mismo nivel que la parte superior del calce.
3. Introduzca sucesivamente en el tubo las otras tres patas que no se habían calzado; si introduce la punta de un lápiz por el agujero realizado en el segundo paso, podrá marcar en cada pata el trozo que debe cortar para que las cuatro queden exactamente a la misma medida.

Nota: puede utilizar el tubo de cartón que sirve de soporte a los rollos de papel higiénico.

Tablero de mesa
En lugar de quitarle la capa superior con papel de lija o con lejía, o incluso si lo está haciendo de esta forma, utilice un cilindro decapante de espuma de nailon, que puede adaptar a su máquina de taladrar, y páselo por el tablero, siguiendo el dibujo de la madera; aplique después una cera de color que pasará con un pincel y, cuando todo esté bien seco, cepíllelo y frótelo con un trapo (o utilice su máquina de taladrar provista del adminículo adecuado).

Asientos y sillones

Varios años después de un uso constante, en los asientos y sillones surgen rastros grises u oscuros, una suciedad que parece «roña», llamándola por su nombre. ¿Qué se puede hacer para que queden como nuevos?

Le ofrecemos algunos trucos eficaces que sin duda le satisfarán.

Tejido lavable

Haga espuma con un detergente y, a continuación, frótela sobre el tejido con un cepillo suave, en varias veces y sin apretar. Elija un detergente lo más neutro posible.

Cada vez que realice esta operación espere que todo se halle completamente seco y cepille el polvo blanco que pueda quedar en la zona.

Tejido no lavable

En este caso, utilizará un producto en aerosol, pero de cualquier modo será preciso aclararlo ligeramente después de cada aplicación. Úselo de un modo ligero; merece la pena repetir varias veces la operación en lugar de esperar un resultado espectacular e inmediato.

Para el terciopelo: ... mezcla homogénea de arena y salvado, c... alma de la mano antes de pasar la as...

¡Adiós a las cucarachas!
La higiene es el mejor remedio para combatirlas, pero además, si has visto alguna, pon en el lugar por donde haya salico unas hojas de laurel. Estos pequeños *bichi-*

¡Cuidado, es frágil...

En algunas ocasiones, las joyas y objetos de nácar tienden a ponerse amarillos. Para limpiarlos, utilice agua desmineralizada a la que habrá añadido unas gotas de limón. No utilice algodón, sino una esponja pequeña de desmaquillar, por ejemplo, o un trapo que no deje pelusa.

NAFTALINA

Para eliminar las avispas
Expulse las avispas que tratan de establecer su nido, por ejemplo, en el desván colocando bolas o tabletas de naftalina entre las vigas. Las avispas no toleran este olor.

Para las herramientas
Sus herramientas no volverán a oxidarse si coloca unas bolas de naftalina en la caja donde las guarda.

En los armarios
Las bolas de naftalina dejan algunas veces marcas amarillas si las introduce directamente entre la ropa o los jerséis. Para evitarlo, meta las bolas en bolsitas de tela que puede confeccionarse usted mismo y, a continuación, sitúelas en distintos lugares de su colgador o de su armario ropero.
También puede introducirlas en la funda de un cepillo de dientes agujereada por los extremos.

NAIPES

Cuando se juega mucho con ellos, los naipes se ensucian rápidamente y ya no resbalan.
Para limpiarlos, colóquelos en un trapo grande y espolvoréelos con polvos de talco por las dos caras. Haga un doble y frote los naipes con la palma de las manos; volverán a ser manejables. Otra posibilidad consiste en frotar cada naipe con un algodón empapado en alcohol alcanforado.

NARANJAS

Antes de rallar la piel de las naranjas, no olvide nunca lavarlas con agua y cepillarlas fuertemente.

Para pelarlas
Introdúzcalas unos minutos en el horno tibio. De esta forma, la piel saldrá con mayor facilidad y también quedarán más jugosas.

Para eliminar las polillas
Una naranja pinchada con clavo no se enmohecerá en el interior de su armario, y eliminará las polillas al tiempo que desprenderá un perfume agradable.

Para los olores de cocina **⇒ olores**
Las pieles de naranja introducidas en el horno, inmediatamente después de haberlo utilizado, perfumarán agradablemente su cocina.

Salsa a la naranja
Mezcle bien el zumo de una naranja con 250 gramos de crema de leche, sal, pimienta y la ralladura de medio limón (que previamente habrá lavado y cepillado con cuidado). Introdúzcala en el frigorífico.

Salud
No dude en hacer caso al dicho popular que afirma que «el zumo de naranja es oro por la mañana, plata a mediodía y plomo por la tarde». Aunque es cierto que la naranja es una fuente de vitamina C, también lo es que el hígado no siempre la tolera bien. Nunca prepare con antelación el zumo de naranja, ya que en contacto con el aire se oxida muy deprisa y puede resultar tóxico.

NIÑOS

Bebés

Las costras de leche que se les forman en el cráneo se deben a una secreción excesiva de las glándulas sebáceas. Sobre todo no las quite. Desaparecerán rápidamente si las reblandece cada noche con un poco de aceite de almendras o de crema de leche.

La cucharilla de su bebé no volverá a resbalarse del plato de papilla si clava un tapón de corcho en la parte superior del mango. Además, aprender a comer le resultará menos descorazonador.

Las servilletas no volverán a resbalarse del cuello de su bebé si sujeta dos puntas de la misma con una pinza de la ropa o si les cose dos trocitos de Velcro.

Ponerse los zapatos en el pie adecuado no es cosa fácil. Pegue en el interior de sus zapatos un trozo de esparadrapo o cosa una borla de lana dentro de sus zapatillas. Explique a los niños que las marcas deben estar una frente a otra cuando se calcen.

Acostúmbrelos lo antes posible a jugar en un tablero. De esta forma, las piezas de los rompecabezas no estará dispersas por cualquier rincón de la casa,

no aplastarán la plastelina contra la alfombra y no tendrá que caminar entre lápices de colores.
Inculque a sus hijos **el respeto por la naturaleza.** Aproveche los paseos por el campo para enseñarles los nombres de los árboles y de los pájaros. Convénzales de que no arranquen flores ni setas y enséñeles cómo cortarlas con unas tijeras pequeñas de puntas redondas (más inofensivas), protegiendo así las raíces y permitiendo que las plantas puedan volver a brotar.
Si sale de excursión, lleve bolsas en las que depositar los desperdicios y envoltorios que tanto afean el paisaje.

NIVEL DE AGUA (EMPLEO)

Si quiere colocar dos cuadros a la misma altura, disponer la medida de un embaldosado, respetar la medida de instalación de una tubería de desagüe que debe atravesar un tabique, o para cualquier caso en el que necesite determinar dos alturas iguales en un local, pasillo, etc. puede realizar su propio nivel de agua, que consiste simplemente en un tubo de plástico transparente que puede encontrarse sin dificultad en cualquier tienda.
Lo llenamos de agua con un embudo y fijamos uno de los extremos del tubo a una pared, sobre la cual se determina la altura que se precisa.
A continuación, puede avanzarse con la otra extremidad del tubo en la mano (siempre y cuando su longitud lo permita) y franquear escalones para acceder a habitaciones que no tienen por qué tener el mismo nivel de suelo, ya que la medida del agua marcada con un lápiz en el extremo libre del tubo, será exactamente la misma que la que se había marcado en el extremo fijo.

Reemplazar un nivel
Quiere colocar una estantería y no encuentra su nivel. Utilice en su lugar una ampolla (de magnesio o de calcio,

no importa) que puede encontrar fácilmente en su botiquín. a, b y c: bolas de chicle; P: trozo de plancha.

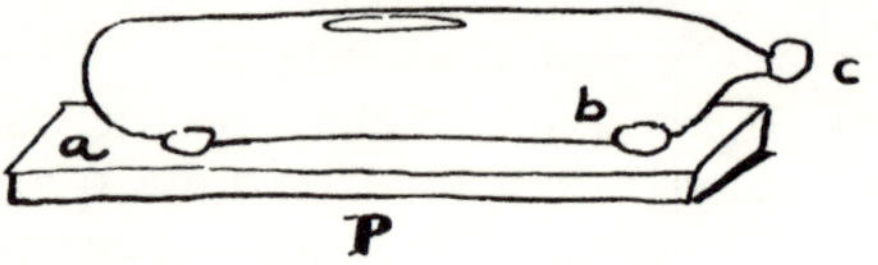

NUDOS

Existen cientos de nudos, por no decir miles; hay enciclopedias enteras dedicadas a los mismos. Para no salirnos del ámbito de los **trucos**, nos contentaremos con mostrar algunos que son especialmente útiles y fáciles de realizar.

Nudo llano (A)
Fácil de hacer y de deshacer; no se resbala aun cuando las hebras sean muy escurridizas.

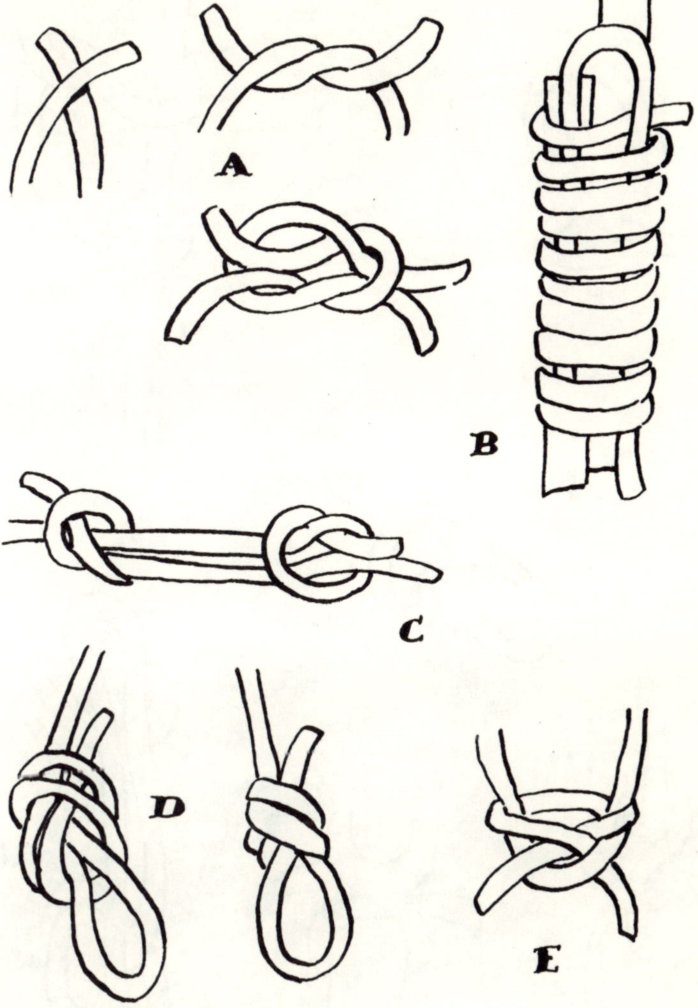
A
B
C
D
E

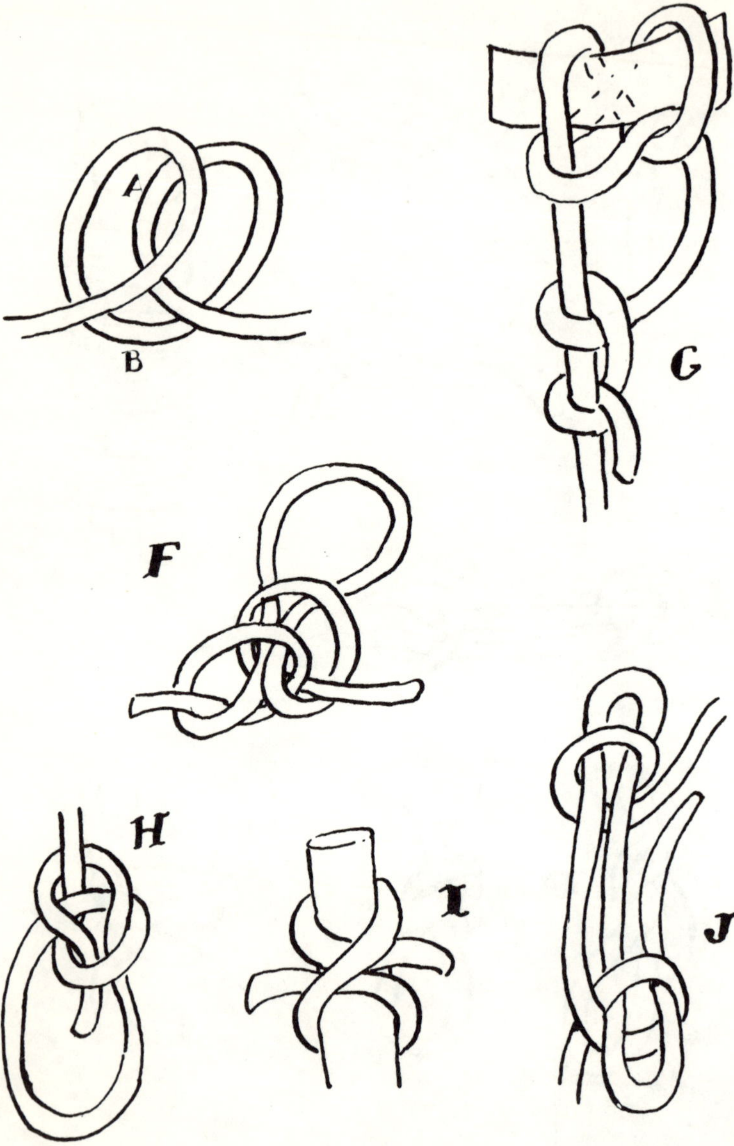
A
B
G
F
H
I
J

Nudo de trincafia (B)
Es el nudo más útil del mundo para reforzar un mango, una raqueta, un manillar de bicicleta, una caña, una jabalina, etc.
Para unir de forma muy sólida dos trozos de madera o de hierro, para alargar un poste, para impedir que una cuerda se deshilache por el extremo, etc. Una vez enrollada la cuerda, se tira de la hebra en A, de forma que se cierre el bucle de la parte superior que sujeta sólidamente la hebra libre de la parte enrollada.

Nudo de pescador (C)
Sirve para unir dos cuerdas o cabos que no sean del mismo grosor, evitando que se resbalen. Se utiliza para confeccionar los sedales de los pescadores de caña y de ahí su nombre.

Nudo corredizo (D)
Todo el mundo sabe hacer un nudo corredizo. Recomendamos hacer un bucle doblando el extremo de la cuerda tal y como puede apreciar en nuestro dibujo, ya que así no se corre el riesgo de que se deshaga.

Nudo de gaza (E)
Se utiliza siempre que se quieren atar dos hebras que no son del mismo «calibre». Este nudo, usado con una lanzadera especial de muy fácil empleo, sirve para fabricar las redes.

Nudo de encapilladura (F)
Para atarse si se está escalando en la montaña y para realizar un bucle que no resbale sin demasiado esfuerzo, el nudo de encapilladura es especialmente fácil. Se forma introduciendo un bucle formado en B en el interior de A.

Nudo de ancla o de amarre (G)
Se trata de un nudo marino que se utiliza con cuerdas, cabos y guindalezas para amarrarlas a una anilla o para atar un ancla.

As de guía (h)
Para hacer un bucle que no corra el riesgo de transformarse en un nudo corredizo cuando se pretende bajar a un herido o transbordar a un náufrago o a un hombre cansado.
Nota: se recomienda confeccionar el as de guía **doblando la cuerda,** ya que se obtiene el **as de guía doble**, que resulta mucho más cómodo.

Nudo de ballestrinque (i)
Sirve para amarrar un barco, para fijar una cuerda a un tronco o a un poste. Se hace muy deprisa, formando dos bucles superpuestos que se introducen en el poste de amarre.

Nudo de margarita (j)
Para acortar una cuerda, un cable o un cabo demasiado largos. Puede ser mucho más seguro si se pasan las hebras superior e inferior por su correspondiente bucle.

NUECES

Frescas durante todo el año
Ponga en remojo las nueces enteras que se han quedado secas en un recipiente lleno de agua y sal durante una semana. Volverán a quedar tan frescas como si acabara de recogerlas. La sal elimina el gusto amargo que a menudo toman las nueces cuando envejecen.

Para no romperlas al abrirlas
Para obtener la carne de la nuez en un solo trozo, ponga a remojo la nuez entera en agua azucarada durante una noche.

Salsa de nueces
Acompañará a las ensaladas (de lechuga o de escarola), o también a los espaguetis. Mezcle 150 gramos de nueces peladas y trituradas con 100 gramos de queso gruyère rallado, tres cucharadas soperas de crema de leche, tres cu-

charadas soperas de perejil picado, estragón o albahaca, y salpimiente.

Fabrique su propia nogalina
Ante todo, póngase guantes, ya que sin ellos sus dedos quedarían manchados durante varios días. Coja del árbol nueces gordas cuya funda verde empiece a romperse. Extraiga con un cuchillo dichas cáscaras verdes. Tritúrelas en un recipiente hasta obtener una pomada que cubrirá de agua. Deje macerar este líquido durante algunos días antes de filtrarlo e introducirlo en un frasco.

OBJETOS ARTÍSTICOS O DE VALOR

Fotografíe sus cuadros, joyas, pieles y objetos de valor. En caso de fractura, pérdida o robo, su compañía de seguros le pedirá justificaciones, que de este modo podrá ofrecer más fácilmente.

OBJETOS FRÁGILES

Podrán viajar sin riesgos si los introduce en una bolsa de plástico que a continuación inflará y cerrará herméticamente con una goma. Ya sólo le queda meter la bolsa en su maleta.

OBJETOS PESADOS (TRASLADARLOS)

1. **Mediante una alfombra** que se colocará debajo del mueble: puede trasladarse un mueble muy pesado ha-

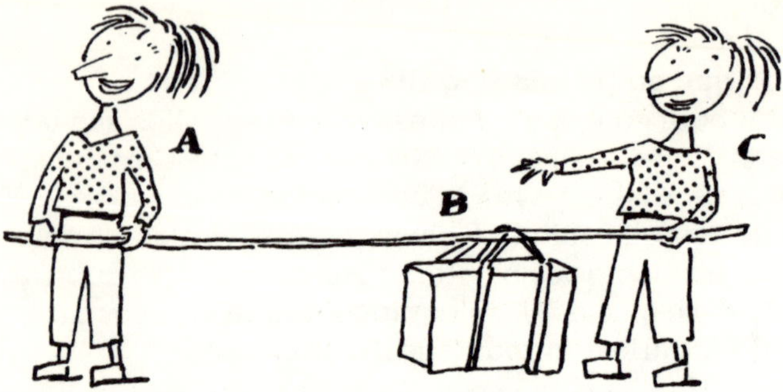

ciendo que se deslice sobre el parqué, tras haber colocado debajo del mismo una alfombra o un trozo de lino en el caso de que deba desplazarse sobre moqueta. Para colocar la alfombra debajo del mueble, utilice una palanca, con la que lo irá levantando progresivamente, y coloque cuñas a medida que lo eleva.

2. **Mediante varios palos de escoba**: sobre el cemento, se puede hacer girar bajo el mueble unos palos de escoba totalmente rectos; a medida que el mueble avance, se colocan los rodillos que vayan quedando libres atrás.
3. **Para elevar o sostener una masa considerable,** una viga, un techo, etc., se utilizan cuñas que se hacen avanzar gracias a un mazo de madera.
4. **Para llevar un objeto muy pesado entre dos**, utilice el mecanismo que le mostramos en el dibujo. Observe que si la distancia del sujeto C respecto al punto B es dos veces menor que la distancia de B a A, la masa que tendrá que soportar el sujeto A será dos veces menor.
5. **Mediante correas**: la correa debe colgarse cuando el portador tenga las rodillas ligeramente flexionadas. Al reincorporarse, elevará el mueble. Atención: la correa debe colgarse de un hombro, no de la nuca. Puede reemplazarse por una cuerda gruesa, que se puede forrar o acolchar con un trozo de tela.

OJOS

Si están hinchados y cansados
Prepare una infusión bastante fuerte de flores de manzanilla. Déjela que se enfríe y después empape dos compresas, que se aplicará en los ojos durante 15 minutos.

Una mirada de estrella de cine
Antes de salir por la noche póngase en cada ojo una gota de limón **sin rebajar**. Su mirada resplandecerá.

Para las pestañas
Quedarán muy separadas y realzadas si, antes de aplicarles el rímel, se las cepilla con una pequeña brocha húmeda.

OLORES ⇒ pinturas ⇒ sal ⇒ tomillo ⇒ coles

Para eliminar los olores

En la casa
Si introduce un puñado de hojas de eucalipto en el horno apagado, evitará que el olor a pescado se extienda por toda la casa.

En un mueble
Coloque en el interior de un mueble uno o dos vasos de leche hirviendo y cierre bien las puertas. Dos horas después, los olores deberían haber desaparecido.

En el frigorífico ⇒ carbón de leña ⇒ vinagres
Coloque en cada rejilla medio limón o una cebolla partida por la mitad.

Olor de moho o humedad
Este método, casi infalible, resulta muy peligroso. Sitúe en la parte superior de los muebles varios platos pequeños llenos de cal viva.
Colóquelos fuera del alcance de los niños o de los animales domésticos.

Los quesos
Si quiere atenuar el olor a veces excesivamente fuerte de algunos quesos, envuélvalos con una o varias ramas de tomillo.

El pescado
Haga desaparecer el olor a pescado que impregna los platos, bandejas y cazuelas, frotándolos con posos de café o harina de mostaza.

Tabaco
Basta depositar unas gotas de esencia de tomillo, de eucalipto o de lavanda en el agua de los saturadores de los radiadores, para que desaparezca el olor a tabaco en una habitación.

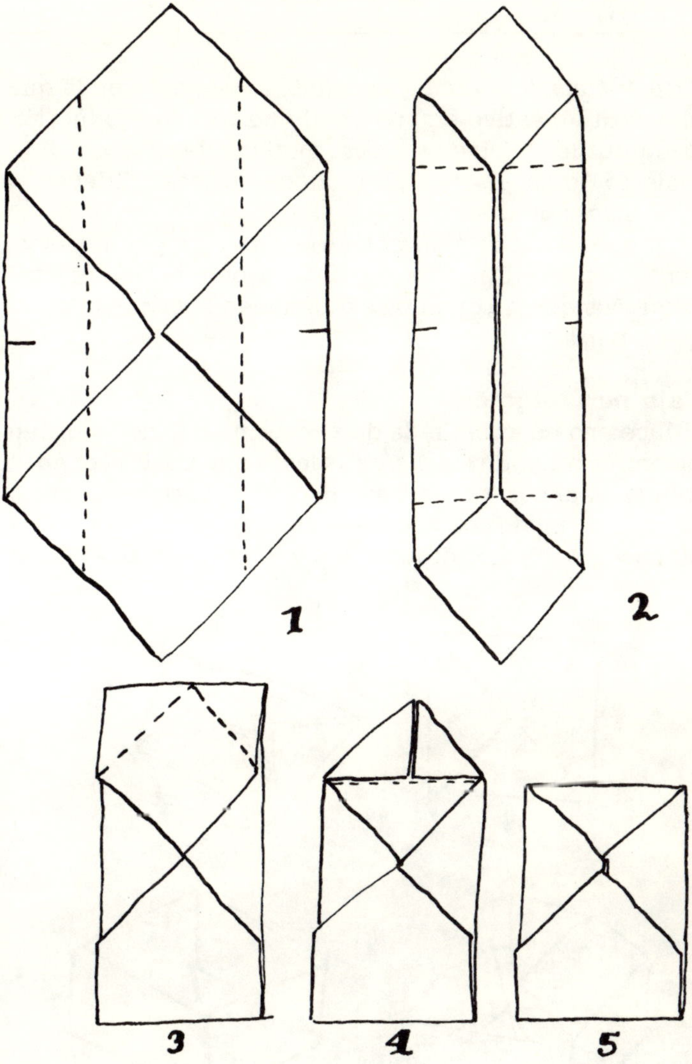

Ilustración tomada de Isao Honda. *The world of Origami*, Japan publications Trading C. Y.

ORIGAMI

Arte, técnica y tradición típicamente japonesa en la que el espíritu creativo emprende el vuelo en la producción de multitud de objetos: cajas, motivos decorativos, animales o flores; el origami le ofrece mil posibilidades, a cual más ingeniosa.
Le proponemos la realización de esta caja portaobjetos, especialmente útil para clasificar u ordenar los objetos pequeños que no queremos que anden sueltos por cualquier parte.

Caja portaobjetos
Utilice una hoja cuadrada de 21 centímetros de lado, que plegará siguiendo las distintas fases que puede ver en el dibujo. Para pasar de la 5 a la 6, pliegue la parte de abajo del mismo modo como se ha hecho con la superior en las etapas 3, 4 y 5. Los dibujos 7, 8 y 9 representan el desa-

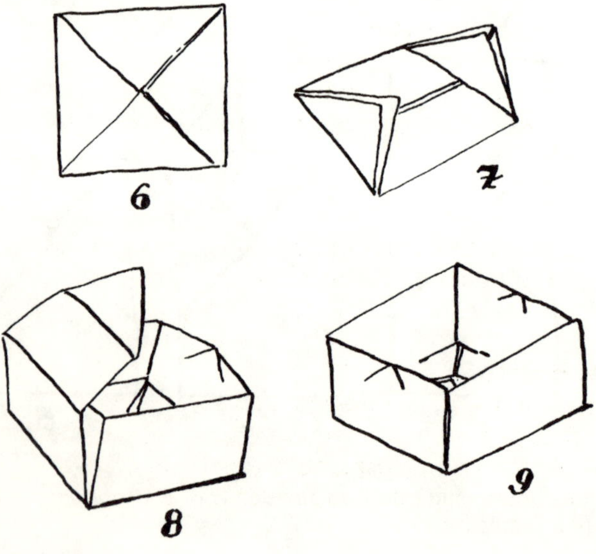

rrollo del proceso que encontrará fácilmente una vez plegada la hoja; la disposición de los lados y del fondo debe encajar perfectamente. La caja mide 75 milímetros de lado y 38 milímetros de altura. Se puede pegar en el fondo un cuadrado de papel de la dimensión adecuada, y la caja quedará así mejor acabada. En el dibujo, las líneas discontinuas (- - -) significan pliegue hacia abajo; las líneas continuas (———), pliegue hacia arriba.

ORTIGAS

Para la sopa
Coja las ortigas en la época en que son muy verdes, inmediatamente antes de que florezcan. Añádalas a las hierbas del caldo y conserve éste en el congelador, en tarrinas. En invierno apreciará estas sopas, que son excelentes para la salud.

Para el cabello débil
Ponga en infusión 100 gramos de hojas de ortigas muy verdes en un litro de agua hirviendo durante una hora. Fricciónese el cuero cabelludo con esta loción (fría), ocho días de cada mes.

Salud
Dicen que frotarse las zonas aquejadas de dolores reumáticos con un puñado de hojas de ortiga origina un resultado excelente...

En el huerto
Ponga a macerar un puñado grande de ortigas en un cubo de agua o en una regadera durante cuatro o cinco días. Como los pulgones no pueden soportar este olor, no invadirán sus plantaciones si las riega con este líquido.

OTITIS

Para detenerla rápidamente
En cuanto se presenten los primeros dolores, póngase tres o cuatro veces al día unas gotas de limón puro en el conducto auditivo. Repita la operación hasta que el dolor desaparezca por completo.

Para los bebés
Un remedio de antaño, difícil de aplicar pero realmente eficaz e indoloro para el bebé, es preparar una papilla espesa con harina de lino (se vende en farmacias), déjela enfriar y coloque una cucharada sopera de la misma en el centro de un pañuelo. Aplique estas cataplasmas en el lóbulo inferior de cada oreja, dejando que se deslicen hasta el cuello. A continuación, sujételas con una cinta y deje que actúen aproximadamente un cuarto de hora. Repita la operación tres o cuatro veces al día. La otitis debería desaparecer rápidamente y el líquido del oído derramarse.

PAJA

Mantenimiento de objetos y sillas
La paja se pone amarilla y se ensucia muy rápidamente. Frótela, siguiendo su misma dirección, con un cepillo mojado en zumo de limón. Déjela secar a la sombra, ya que el sol hace que la paja se haga quebradiza.

Sombrero de paja
Limpie el interior del sombrero con una esponja empapada en agua y jabón, y aclárelo rápidamente con agua. Estos bonitos sombreros de paja no suelen durar más que un verano. Concédales una segunda oportunidad:

Una pantalla
Su sombrero de paja puede transformarse en una bonita pantalla. Haga un agujero en la parte superior, introduzca el casquillo y enrosque la bombilla. Se aconseja instalar esta pantalla en una habitación en la que no se requiera luz constantemente, ya que la bombilla podría calentar demasiado la paja (por ejemplo en el cuarto de baño, en el aseo, entre otras).

Un nido
Si lo coloca en un lugar resguardado, los pájaros no tardarán en instalarse en él para hacer su nido.

PAJARITAS DE PAPEL

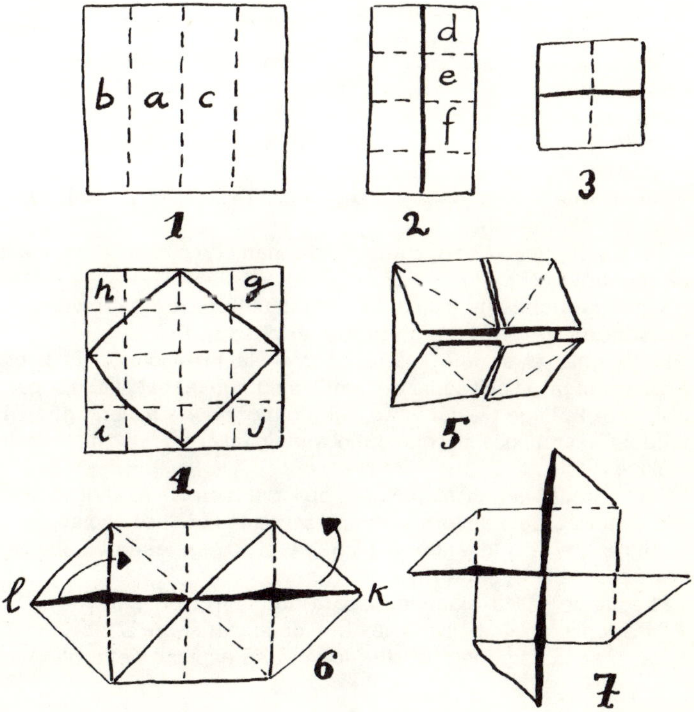

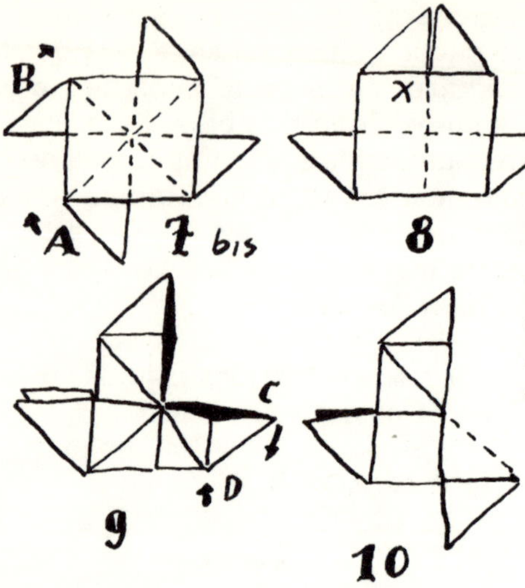

Construcción de una pajarita de papel:
–Coja una hoja cuadrada de papel:
–Pliéguela en dos según la línea a, después en mitades según las líneas b y c.
–Obtiene el pliego (2).
–Repita la misma operación en sentido vertical siguiendo las líneas d, e, f y obtendrá el pliego (3).
–Despliegue la hoja y pliegue según las líneas g, h, i, j, marcando bien los pliegues (4).
–Vuelva al pliego (3), que ahora está marcado con las diagonales del cuadrado (5).
–Saque lateralmente las cuatro esquinas libres del pliego que se encuentran al centro para obtener el pliego (6).
–Haga girar el ángulo k alrededor de la línea continua, hacia arriba, y el pico l alrededor de la misma diagonal hacia abajo, para obtener el pliego (7). Obtendrá el molino: puede hacerlo girar fijándolo con un poco de cola y colocándolo en el extremo de un palo con un alfiler.
–Para obtener la famosa pajarita, observe bien las modificaciones del molino. Gírelo de forma que presente su lado liso hacia arriba (7 bis). Vuelva a levantar el pico A y el B, siguiendo las flechas para obtener el pliego (8).
–Pliegue según la diagonal x para obtener el pliego (9).
–Para conseguir la pajarita hay que presionar sobre D y tirar de C para girar la esquina (10) que le dará su aspecto definitivo.

Suele decirse que ciertos empleados, interesados en ocupar su tiempo de ocio laboral de un modo inteligente, se dedican a la confección de pajaritas de papel. Pero, ¿sabemos hacerlas?
Le hemos ofrecido un método infalible que le permitirá convertirse rápidamente en un MAUDFPP[1] de pleno derecho.
Recuerde que para realizar esta interesante figura, lo esencial es **marcar bien los pliegues**, que deben ser completamente rectos para no generar falsos pliegues.

PÁJAROS

Coloque la jaula o el nido orientados hacia el Este, en un lugar con mucha claridad, resguardado de las corrientes de aire y de los rayos del sol. A los pájaros no les gusta cambiar de escenario, así que evite trasladar constantemente la jaula. Si hace buen tiempo y desea sacar la jaula al balcón, abra la ventana unos minutos antes para que los pájaros no padezcan la diferencia de temperatura.

En el jardín

Fabrique pequeños cobijos en los que puede colocar grano, migas, arroz cocido, trozos de lana, de cuerda, de hilo y un recipiente con agua limpia. En invierno, cuelgue un trozo de manteca o de margarina. Los pájaros irán enseguida a beber, a alimentarse y a coger los materiales para construir su nido. Si se acuerda de añadir un poco de azúcar en el agua, no se congelará.

1. MAUDFPP: Miembro de la Academia Universal de Fabricantes de Pajaritas de Papel.

UN COBIJO Y UN COMEDERO PARA LOS PÁJAROS

El cobijo

A las personas que les gusten los pájaros, puede gustarles también construirles un cobijo. Deberá armonizar con el paisaje y al mismo tiempo embellecerlo.

Procúrese un trozo de tronco de árbol A de unos 15 centímetros de diámetro, y vacíelo con un cincel B. Cierre la parte superior con una tablilla C y añada la parte trasera D. Haga en la parte delantera un orificio de unos seis centímetros de diámetro.

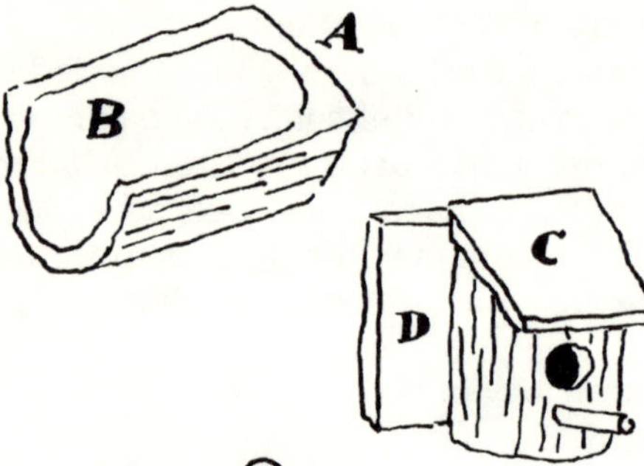

El comedero

Su realización no plantea problema alguno: utilice una cajita de 20 a 30 centímetros de longitud y colóquele un techo, inspirándose en el modelo que le ofrecemos. No olvide colocar un pequeño bebedero lleno de agua, que deberá renovar de cuando en cuando.

PALMATORIAS ⇒ electricidad

Vela iceberg

Puede realizar una original palmatoria lastrando una vela con un clavo y sumergiéndola en un vaso estrecho lleno de agua (de tipo probeta). Calcule la cantidad de lastre (que puede ser un alambre enrollado en la vela) para que la vela sobresalga de 20 a 25 milímetros respecto a la línea de flotación. A medida que la vela se consuma, la parte sumergida disminuirá, pero la parte flotante conservará la misma longitud.

PAN

Hágalo usted mismo

Pan casero: bastará con un kilo de harina. Haga un agujero en el medio. Vuelque en él poco a poco 0,65 litros de agua en la que previamente habrá disuelto 15 gramos de levadura (se vende en panaderías). Añada sal y amase durante bastante tiempo. Déjela reposar dos horas en un lugar fresco para que suba. Vuelva a amasar para eliminar del interior las burbujas de aire. Déle forma de pan, colóquela en un molde enharinado e introdúzcala en el horno caliente (250 °C). Deje que se cueza durante 50 minutos. Puede dar cualquier forma a sus panes: pan redondo, de barra, en forma de corazón o de rosco. Este pan se conserva en el frigorífico más de ocho días, envuelto en un trapo o en una bolsa de plástico.

Pastel de pan duro
Corte en trozos el pan duro, introdúzcalo en un recipiente lleno de leche, espolvoréelo con azúcar y déjelo en remojo toda una noche. Al día siguiente, añada cuatro huevos y mézclelos, añada también uvas pasas y coloque esta masa en una bandeja untada con mantequilla. Introdúzcalo en el horno caliente durante unos 30 minutos. Sirva el pastel caliente o frío, cortado en rebanadas que untará con mermeladas.

Pan de molde
Podrá cortarlo en rebanadas sin que se le desmigue si lo introduce en el frigorífico dos horas antes de utilizarlo.

Pan rallado
Pase el pan por el horno, aplástelo con un rodillo de pastelería o con la picadora y conserve el pan rallado obtenido en un tarro o en una caja metálica.
Si se ha quedado sin pan rallado, no tiene más que machacar unos biscotes o unas rebanadas de pan tostado con un rodillo de pastelería.

Mendrugos
Si añade un mendrugo duro en el agua de cocción de la col, conseguirá atenuar su fuerte olor. Los mendrugos pequeños tostados con mantequilla quedarán muy bien en el gratinado de espinacas. Tueste rebanadas pequeñas de pan y guárdelas en cajas. Puede servirlas untadas con chicharrones o con paté como aperitivo, o con ajo para acompañar la ensalada o la sopa de pescado.

Para las joyas ⇒ joyas
Haga bolas de miga con pan del día. Frote con ellas sus joyas de oro, que recuperarán su antiguo resplandor, y sus diamantes, que brillarán como nunca.

Para quitar manchas
Las marcas de los dedos desaparecerán si las frota con una bola muy prieta de miga de pan.

PANTALONES ⇒ bicicletas

Dobladillos deshilachados
Cosa un botón pequeño a ambos lados del dobladillo, por la parte de detrás; el pantalón no rozará directamente el zapato y se gastará menos.

Colgar un pantalón en una percha
Cuando cuelgue un pantalón en una percha, opte por la solución que le ofrece nuestro dibujo y observará que el pantalón no resbala.

PAPELES DE PERIÓDICO

Para limpiar los cristales ⇒ cristales
Moje y haga una bola con hojas de papel de periódico. Si frota con ellos los cristales sucios, quedarán resplandecientes y sin pelusa.
Adquiera el aparato para fabricar «leños» sólo en el caso de que pueda disponer de numerosos periódicos, pudiendo así amortizar el precio del mismo. Los «leños» obtenidos tienen la ventaja de consumirse muy despacio.

Leños, briquetas o bolas de pasta de papel
Las briquetas, las bolas y los leños de pasta de papel seca son combustibles, con gran capacidad calorífica y muy fáciles de realizar.
Preparación de la pasta: utilice como mínimo una pa-

langana, que llenará de agua en una cuarta parte de su capacidad. Añada el papel de periódico partido en grandes trozos y deje que la mezcla repose varios días. Añada papel y agua, siempre que sea necesario, hasta que se forme una pasta espesa y homogénea; no deje de mezclar y de «amasar» esta pasta con un bastón o con las manos.

Fabricación de las bolas: podrá realizar las bolas apretando un trozo de pasta entre las manos, del mismo modo a como lo haría con una bola de nieve.

Si le gusta el bricolaje, puede hacer leños o placas utilizando un aparato, prensa especial o lingotera que puede confeccionarse usted mismo. Utilice planchas de 10 mm que perforará hasta la mitad con agujeros de 5 mm, después de haber montado la cajita: anchura 10 cm, longitud 40 y altura 10. En el lugar de la tapa coloque una especie de barra, fijada mediante una bisagra fuerte a lo ancho de la caja. Esta barra, apretada sobre la pasta de papel que esté colocada en la lingotera, expulsará el agua y dará al papel la forma de una briqueta que deberá ponerse a secar al sol.

Para los objetos de estaño ⇒ metales

Frote los objetos de estaño con papel de periódico. La tinta de imprenta fabricada con derivados del petróleo hace que brillen.

Para que los huevos se conserven

Se conservarán frescos por lo menos un mes si los envuelve de uno en uno en papel de periódico. A continuación, colóquelos en una caja que contenga serrín.

Para que las cebollas se conserven

Se conservarán intactas si las coloca sobre un periódico en un lugar muy seco.

En el huerto

Añada hojas de periódico en capas intercaladas, que aportarán su propio valor al abono que se está formando.

PAPELES PINTADOS

Le ofrecemos dos métodos que pueden ayudarle a calcular la cantidad de rollos que necesita, considerando que las dimensiones normales de un rollo de papel pintado son de 0,53 m de ancho y 10,05 m de largo.

Primer método

Calcule la cantidad de tiras por rollo de papel pintado. Mida la altura de la habitación y añada a la cifra obtenida 6 cm para poderlo nivelar sin dificultad cuando lo corte por arriba y por abajo. Si el papel pintado tiene dibujo, añada además la longitud del mismo, por ejemplo:

Longitud	2,60 m
Corte	0,06 m
Longitud del dibujo	0,34 m
Longitud	3,00 m

Si la longitud del rollo es de 10,05 m, obtendrá tres tiras por rollo y sobrará 1,05 m, que puede utilizar para los trozos de pared que están por encima de ventanas y puertas y por debajo de ventanas.

Segundo método

Mida el perímetro de la habitación, sin descontar puertas ni ventanas. Por ejemplo:
Si el perímetro es de 15 m, obtendrá la siguiente cantidad de tiras: dividimos 15 m por 0,53 m de ancho, es decir 29 tiras.

Papel pintado con burbujas

Unos días después de haberlo colocado, se da cuenta de que el papel ha formado burbujas en varios lugares. No se alarme. Llene de cola una jeringuilla, inyéctela en las

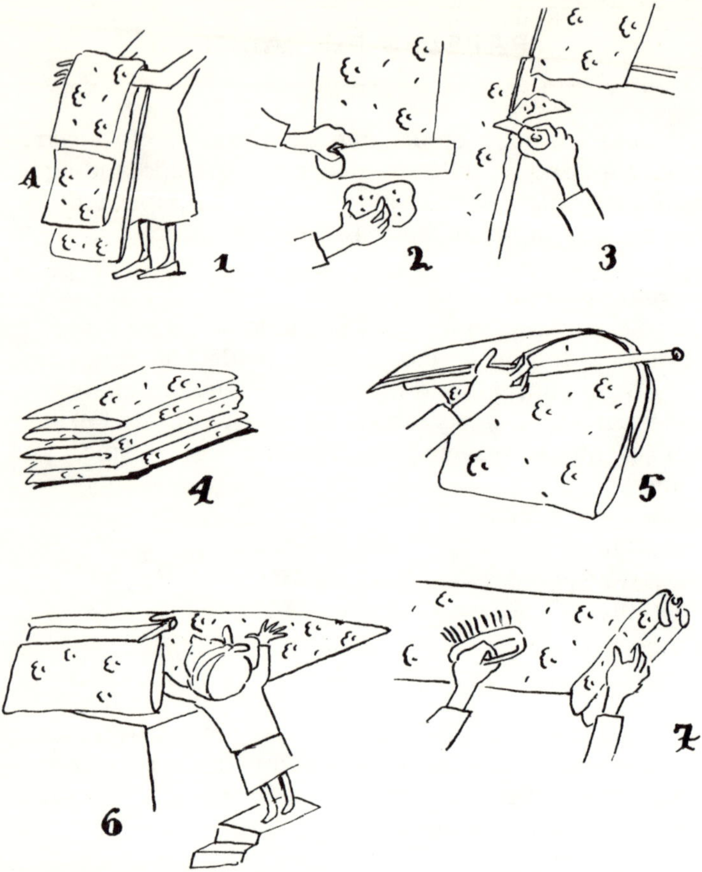

Algunas etapas de la colocación: *1. Cómo coger el papel encolado bajo el brazo con mucha precaución. 2. Pegar en la parte superior de la pared la parte A de la tira, sobrepasando ligeramente el techo; para los zócalos, corte unos milímetros más de papel, que empujará bajo el zócalo con un cuchillo de masilla, tras haber limpiado el extremo del zócalo con una esponja. 3. Cómo recortar sin dificultad los marcos de las puertas.*

Colocación del papel en el techo: *4. Formación de un acordeón de papel. 5. Subir hasta el techo el acordeón con el palo de la escoba. 6. Tras darle la vuelta, coloque el primer pliego. 7. El proceso continúa pliego a pliego, apretando con el cepillo para eliminar las burbujas.*

burbujas y cepille ligeramente. También puede planchar las burbujas intercalando una hoja de papel.
El calor hará que la cola recupere totalmente su eficacia.

Para retirarlo
Para retirar un papel pintado antiguo sin estropear la pared, moje la parte superior de una tira con una esponja grande empapada en agua caliente. En cuanto empiece a despegarse, introduzca entre la pared y el papel una regla plana de gran tamaño, que deslizará permitiendo así que el papel continúe mojándose. La tira debe despegarse de una sola pieza. En grandes superficies, utilice un pulverizador de jardín lleno de agua caliente con el que mojará abundantemente el papel una o dos veces. Este procedimiento también es eficaz para los papeles plásticos.

Algunos trucos profesionales
Para encolar la tira de papel: dé cola a una parte de la tira y deje que resbale por la mesa mientras encola la otra parte; de esta forma, en una mesa de 1,5 metros podrá encolar una tira de 3 metros. Doble la tira por la parte encolada dejando en medio un espacio de 5 a 6 centímetros.

PARAFINA

Se acabaron las ampollas en las manos si procura untar con un poco de parafina los mangos de las herramientas y de los pinceles.

PARAGUAS

Si su paraguas ha dejado de ser impermeable
Vaporícelo con un producto para impermeabilizar zapatos. Recuerde que debe mantener el paraguas abierto mientras se seca, antes de plegarlo e introducirlo en su funda.

Si practica el bricolaje
Tiene que hacer un agujero en el techo y no le apetece retirar la alfombra. Cuelgue un paraguas del techo, que recogerá el polvo y los restos de yeso.

PARQUE PARA BEBÉ

Su bebé ha crecido: transforme su parque
Haga una estantería triangular con dos elementos del parque. Coloque en los dos barrotes superiores una presilla o un gancho de fijación para evitar que se desmonte, y ponga planchas de contrachapado entre los barrotes de los dos elementos. Esta estantería puede ser muy útil debajo de una escalera, en la bodega o en el garaje.

En el cuarto de baño
Utilice únicamente un lado del parque. Píntelo y cuélguelo en una pared. Podrá colgar en él toallas de baño o de aseo.

PARQUÉ

Mantenimiento

De madera barnizada
Cepíllelo fuertemente con un estropajo metálico para eliminar las manchas y la anterior capa de barniz. Quítele el polvo repetidamente, deteniéndose sobre todo entre las tablas, y a continuación barnícelo de nuevo. En la actualidad, existen barnices líquidos muy eficaces que apenas si requieren esfuerzo.

Vitrificado
Basta con pasarle una vez por semana una bayeta húmeda o un trapo de lana.

Para decaparlo
Si se han desconchado varias capas de barniz de su parqué, límpielo con agua tibia y mucha lejía. Hágalo con todas las ventanas abiertas. Aclare rápidamente y repita la operación hasta que desaparezca la totalidad del barniz. Déjelo secar durante varios días antes de volverlo a barnizar. Podrá utilizar entonces un barniz claro, teñido o vitrificado.

Mancha de cera ⇒ manchas
Cubra la mancha con papel absorbente en varios dobles. Coloque encima la plancha (sin utilizar el sistema a vapor). Repita esta operación hasta que la mancha desaparezca por completo.

Para que no chirríe
Levante la tabla que hace ruido y ponga en el hueco medio paquete de polvos de talco. Si no quiere o no puede quitarla, deje que el talco se filtre entre las grietas.

Mancha de fuel ⇒ manchas
Debe cubrir con talco las manchas de fuel de las tablas del parqué; 48 horas después, retire el talco y saque brillo enérgicamente.

PASTA FRESCA DE COLORES

Si sabe preparar pasta fresca, cosa que esperamos, ya que la pasta es una fuente de alegrías gastronómicas y un alimento muy dietético, puede colorearla de forma totalmente natural utilizando los siguientes «colorantes»:

De espinacas: pasta verde
Para 400 gramos de harina, 200 gramos de espinacas crudas, tres huevos y un poco de sal.
Prepare las espinacas sin añadirles agua, simplemente un poco de sal; deje que se enfríen, apriételas con las manos y páselas por el tamiz. Mezcle los demás ingredientes, añadiendo un puñado de harina en caso de que las espinacas estén todavía algo húmedas. A continuación, extienda la pasta, dándole la forma que prefiera. Como la pasta verde es menos elástica, la hoja de pasta es algo más dura que la pasta normal. Le aconsejamos que la divida en trozos pequeños y que la extienda trozo a trozo, cubriendo los restantes con un trapo para impedir que se sequen.

De menta: pasta verde esmeralda
Para 400 gramos de harina, un puñado grande de hojas de menta fresca (unas 270 hojas grandes) dos huevos y un poco de sal.

Preparación: ponga a cocer las hojas de menta con un poco de sal; escúrralas entre las manos y páselas por el tamiz. A continuación, mezcle todos los ingredientes y añada un poco de agua (unas dos cucharadas) o de leche si los huevos no han bastado para amasar la harina. Extienda la hoja de pasta y haga tallarines de 0,5 centímetros de grosor. Aderece la pasta de menta con mantequilla y queso o con crema de leche y queso.

De tomate: pasta roja

Para 400 gramos de harina, cuatro huevos, una cucharada de concentrado de tomate y sal.
Preparación: siga el mismo procedimiento que en las pastas normales de huevo, mezclando el concentrado de tomate con el huevo antes de incorporar la harina.

De remolacha: pasta violeta

Para 400 gramos de harina, una remolacha cocida al horno, de tamaño grande, dos huevos y un poco de sal.
Preparación: pase por el pasapuré la pulpa de la remolacha. A continuación, cuele el puré que obtenga en un plato cubierto con una estameña. Cierre las esquinas y apriete con fuerza el trapo con los dedos hasta obtener la máxima cantidad de zumo. Mézclelo con la harina, los huevos y la sal, y siga el procedimiento habitual. La cantidad de harina puede variar ligeramente dependiendo del zumo que contenga la remolacha. Esta pasta es poco elástica y no podrá extenderse mucho con el rodillo.

De cacao: pasta marrón

Para 400 gramos de harina, 50 gramos de cacao amargo y 4 huevos. Reduzca la cantidad de cacao si prefiere una pasta menos oscura y un sabor menos intenso.
Preparación: siga el mismo procedimiento que con la pasta normal, mezclando también junto a la harina el cacao pasado por el tamiz. Este tipo de pasta acompaña maravillosamente las carnes de caza.

De azafrán: pasta amarillo intenso
Para 400 gramos de harina, tome una bolsita de azafrán (1,5 gramos aproximadamente), cuatro huevos y un poco de sal.
Preparación: siga el mismo procedimiento que en las pastas normales, mezclando en el centro de la fuente el azafrán y los huevos, azafrán que previamente habrá disuelto bien en un poco de agua tibia.

De queso: pasta «blanca»
Se la llama incorrectamente «blanca» para diferenciarla de la pasta normal de huevo; en realidad, tiene un tono amarillo debido a la presencia de huevo, pero este amarillo es pálido y nacarado, casi blanco. Esta pasta es muy sabrosa, y por ello no precisa más que un aderezo sencillo y delicado, como mantequilla fresca fundida o salsa de tomate.
Preparación: para 200 gramos de harina, 200 gramos de queso parmesano rallado fino y mezclado con la harina. Añada los huevos y siga el mismo procedimiento que en la pasta normal. Esta pasta, al estar compuesta de queso, no puede conservarse durante mucho tiempo (sólo varios días).

De licor: pasta azul
Par 400 gramos de harina, dos huevos, un poco de agua y ocho cucharadas de licor Bols (curaçao azul).
Preparación: mezcle bien la harina, los huevos y, a continuación, el licor con un poco de agua fría hasta obtener una pasta bastante consistente (dos cucharadas). Trabaje a continuación la pasta como en los casos anteriores. Este tipo de pasta de color y sabor característico se acompaña con una salsa blanca suave.

De tomate y crema de leche: pasta rosa salmón
Para 400 gramos de harina, dos huevos, un dl aproximadamente de crema de leche y una cucharada pequeña de concentrado de tomate en lata. Mezcle la harina y los huevos, a los que habrá añadido el concentrado de to-

mate, que previamente se habrá diluido en crema de leche. A continuación, siga el mismo procedimiento que en la pasta de huevo.

De fresa: pasta rosada

Para 400 gramos de harina, 100 gramos de jugo de fresas, tres huevos, un poco de sal y un poco de leche o de crema de leche.

Preparación: pase las fresas por el tamiz y mezcle el puré obtenido con la harina y los huevos, añadiendo la sal y unas cucharadas de leche o de crema de leche. Si la pasta resulta demasiado líquida, eche un puñado de harina para endurecerla. Extienda inmediatamente la pasta, que es bastante frágil, en dos veces. Forme una hoja que no sea demasiado fina y córtela en trozos pequeños.

Aconsejamos consumir la pasta de fresa rápidamente y aderezarla con crema de leche y queso o, si lo desea, simplemente con un poco de mantequilla fundida y parmesano rallado.

Cocción

Ponga la pasta en agua hirviendo con sal, sin remover. Espere a que hierva de nuevo y apague el fuego. Coloque en la cazuela un trapo limpio doblado en cuatro partes y cúbralo después con una tapadera. Un cuarto de hora después, la pasta estará cocida en su punto.

Para que no se pegue

Añada al agua de cocción unas gotas de aceite o una pizca de mantequilla.

Salud

Si las cuece demasiado no resultan nada apetecibles. Si no las cuece suficiente resultan indigestas.

PASTELERÍA

Pasteles dorados
Para dorar los pasteles o las tortas, páseles un pincel untado en yema de huevo o en huevo entero batido; serán mucho más apetitosos.

PATATAS

Para que se conserven
Póngalas en cajas en un lugar oscuro. Retire los grillos en cuanto surjan.

Patatas nuevas
No las pele. Frótelas con un trapo y sal gruesa.

Fécula
En pequeñas cantidades puede sustituir a la harina para que cuajen las salsas o espesen las sopas.

Para que absorban la sal
Si el guiso le ha quedado muy salado, añádale dos o tres patatas crudas, que retirará después de la cocción. Las patatas habrán absorbido la sal sobrante.

Para desincrustar las cazuelas
Ponga a hervir de cinco a diez minutos pieles de patatas en las cazuelas con incrustaciones.

Para vasos o garrafas de cristal
Para que sus objetos de cristal queden resplandecientes, sumérjalos varias horas en agua tibia con rodajas de patata cruda. Agite los objetos, aclárelos y séquelos con un trapo suave que no deje pelusa.

Para la chimenea
Si consume muchas patatas y posee una chimenea o una estufa de leña, no tire las pieles. Déjelas secar completamente y le ayudarán a encender el fuego.

Para los ojos hinchados ⇒ ojos
Ralle una patata cruda y haga con ella unas cataplasmas envueltas en gasa. Aplíqueselas en los párpados durante 15 minutos. Este remedio desinflama las bolsas de los ojos.

Para aliviar las quemaduras
Frote una patata cruda partida por la mitad en las quemaduras.

PECAS

Los que no tengan pecas pueden pintárselas en los pómulos, aletas de la nariz y hombros con un lapiz de cejas marrón claro. A los que se lamentan porque tienen demasiadas, les aconsejo que se den un masaje en el rostro, mañana y noche, durante una semana, utilizando la siguiente mezcla: una cucharadita de glicerina y la misma cantidad de zumo de limón puro y de agua oxigenada. Mantenga esta mezcla apartada de los ojos; en cuanto la cara esté seca, aplíquese una crema hidratante.

PELOTAS DE PIMPÓN

Aplastadas
Introdúzcalas unos minutos en agua hirviendo y recuperarán su redondez.

Para el baño
A los niños no les gusta el baño cotidiano nocturno. En este caso, ofrézcales pelotas de pimpón: intentarán mantenerlas dentro del agua, pero éstas saltarán constantemente. Sus niños olvidarán así que están en el agua y se tranquilizarán.

PEPINILLOS

Para que se conserven duros
A menudo, los pepinillos caseros se ponen un poco ajados y blandos. Si es así, introduzca en el tarro una bolsita de harina de mostaza.

PEPINOS

Para que no amarguen
No pele los pepinos empezando por las puntas, ya que el amargor se concentra precisamente en esta zona.

Para que expulsen el agua
Una vez cortados en rodajas, póngalos en un colador. Espolvoree sal fina y deje que pierdan el agua durante una hora aproximadamente.

Atrévase a comerlos calientes
Pele los pepinos, quíteles las pepitas y, a continuación, córtelos en trozos de un centímetro. Hiérvalos durante 30 minutos en agua con sal a la que habrá añadido el zumo de medio limón. Escúrralos inmediatamente con cuidado.
Mientras se escurren, prepare una bechamel, a la que añadirá los pepinos y el perejil picado. Colóquelos en

una bandeja y pásela por el horno hasta que la bechamel esté dorada.

Belleza
Unas rodajas de pepino aplicadas durante 15 minutos en los pómulos calmarán el rubor.

PERCHAS

Colgar un pantalón
Cuando cuelgue un pantalón en una percha, adopte el método que le sugiere nuestro esquema de la página 223. Comprobará que el pantalón no resbala.

Perchas para la ropa
Si cuelga ropa ligera en perchas resbaladizas, al menor movimiento la ropa tenderá a salirse y a caer al suelo. Puede paliar este inconveniente rodeando la parte superior de la percha con uno o varios anillos de goma, un trozo de Velcro, cinta adhesiva o varias rodajas de tapón de corcho, que garantizarán una muy buena adherencia.

Forrar una percha
Disponga su chaqueta de manera que no pueda deformarse:
Forre la parte superior de la percha con un cilindro acolchado, confeccionado con un tejido grueso cortado en tiras, y fíjelo a la percha según la anchura de sus hombros.

Decorarlas
Si las rodea con una puntilla, conseguirá darles un toque romántico y refinado. Puede colgar en ellas sus camisones o blusas.

PEREJIL

Sepa escogerlo
Aprenda a distinguir entre el perejil rizado y el de hojas grandes y planas, que es mucho más aromático.

Para disponer de él durante todo el año
Córtelo dejando largo el tallo, lávelo, y tras secarlo con el secador de cabello, páselo por la picadora. Introdúzcalo en una tarrina de plástico o en recipientes pequeños en el congelador. Cuando quiera utilizarlo, raspe la parte superior con las púas de un tenedor. También puede conservar manojos pequeños en el compartimiento para los cubitos del frigorífico, y cortarlo con unas tijeras cuando lo necesite.

Para secarlo
Cójalo a mediodía, con sol, dejando los tallos largos, ya que éstos conservarán durante más tiempo el aroma del perejil fresco. Cuélguelo formando manojos pequeños, con los tallos hacia arriba, en un lugar seco y aireado. Guarde los manojos secos en cajas metálicas y no tendrá más que introducirlos en agua tibia antes de utilizarlos.

Salsa
Escoja siempre perejil de hojas grandes y píquelo muy fino con las tijeras. Introdúzcalo en un bol y añada cuatro o cinco cucharadas soperas de aceite, preferentemente de oliva, el zumo de medio limón y un poco de sal y de pimienta (puede sustituir el aceite por mantequilla fundida). Esta salsa acompaña perfectamente los filetes de pescado.

Para las frituras
Eche una rama de perejil en la freidora cuando vaya a freír o a calentar el aceite para una *fondue* de carne. De esta forma impedirá que el aceite salte.

Contra los dolores de las picaduras
El zumo de hoja de perejil alivia las picaduras causadas por las ortigas e incluso las de los insectos.

En el jardín
Si siembra perejil al pie de sus rosales, los pulgones no los invadirán, ya que no soportan este olor.

Un revitalizante para el cabello
Mezcle tres cucharadas soperas de zumo de perejil, de cebolla cruda y de ron negro. Antes de enjabonarse, friccionese el cuero cabelludo con esta mezcla durante 15 minutos. Deje que actúe durante 10 minutos, cubriéndose la cabeza con una hoja de papel de aluminio o con una toalla caliente. Por último, lávese el cabello con su champú habitual, añadiendo el zumo de medio limón al agua del último aclarado.

Salud
Para evitar la retención de agua, sobre todo en verano, sustituya su habitual consumo de agua por infusiones de perejil (100 gramos por cada litro y medio de agua).

Tarta de perejil
Harina y agua, tres huevos, un vaso de leche, 50 gramos de gruyère rallado, un vaso pequeño de perejil picado, sal y pimienta. Mezcle bien todos los ingredientes y extiéndalos en el molde. Cuézalo al horno durante 40 minutos con el termostato al siete.

PERIFOLLO

En el huerto
Plante las lechugas entre los perifollos: quedarán más tiernas y el cogollo se formará más deprisa.
El perifollo y la lechuga hacen muy buenas migas. Ade-

más, a las babosas les molesta tanto el olor del perifollo que no asaltarán sus lechugas.

Para conservarlo congelado
Lávelo, séquelo bien con el secador de cabello (a temperatura suave) y, a continuación, píquelo muy fino con las tijeras. Introdúzcalo en una tarrina pequeña en el congelador, y cuando lo necesite no tendrá más que raspar la parte superior con las púas de un tenedor.

Belleza
Para aliviar el rubor
En un cuarto de litro de agua ponga a hervir un puñado grande de perifollo. Filtre esta loción y utilícela en las zonas enrojecidas. Es también muy eficaz para aliviar los picores.

PERIÓDICOS

No tire ni libros ni periódicos. Podrán seguir siendo útiles si los lleva a un hospital, a un asilo de jubilados o a una casa de reposo.

PERLAS DE PAPEL

Puede hacer un collar muy bonito con estas perlas de colores. Haga las perlas con tiras de papel, siguiendo las dimensiones que le ofrecemos en el dibujo, y barnizándolas después con mucho cuidado. Puede elegir el papel de las fotografías de revistas y buscar los más variados colores para colocarlas después como más le guste. Enrolle las tiras alrededor de una cerilla tras haberlas mojado con cola. He aquí todo el misterio. Retire

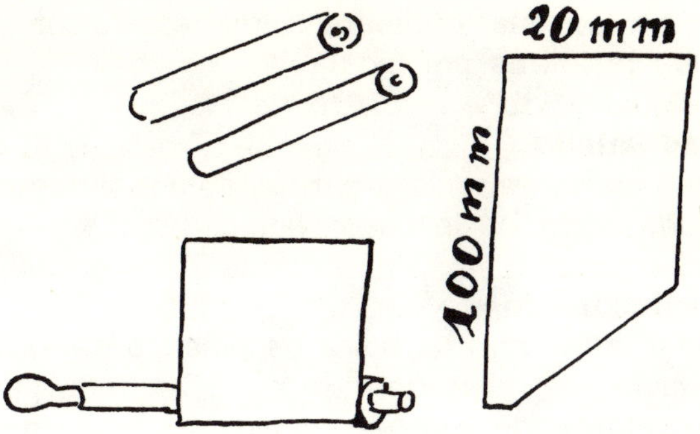

la cerilla en el momento oportuno e *ipso facto* habrá terminado la perla.

PESCA CON CAÑA

Para que se conserven los gusanos
Los pescadores con caña podrán conservar como mínimo dos semanas los gusanos de tierra si los introducen en un recipiente lleno de posos de café.

Para que los gusanos salgan de la tierra
Riegue un cuadrado pequeño de tierra con agua salada o con un poco de lejía (una cucharada sopera de lejía por litro de agua). Los gusanos saldrán rápidamente.

PESCADO

Sepa escogerlo
Debe estar muy tieso, con piel y escamas brillantes y el interior de las branquias de color rojo.

Frito
Para que quede más crujiente, humedézcalo con leche y sustituya la harina por fécula.

Bacalao salado
Escálfelo en una mezcla a partes iguales de agua y leche. Sobre todo, no le añada sal.

Para enharinarlo
Ponga la harina en una bolsa de plástico, introduzca a continuación el pescado y agite. Quedará perfectamente enharinado sin necesidad de ensuciarse las manos.

Para que no se rompa en el caldo
Antes de introducirlo en el caldo, envuelva el pescado en un trapo fino. Para sacarlo, en lugar de utilizar una espumadera, con la que podría romper la carne, puede tirar de los extremos de la tela; de este modo, el pescado quedará intacto.

Pescado de agua dulce
Cuando vaya a salir a pescar, lleve consigo un frasco pequeño de vinagre.
En cuanto el pez esté fuera del agua, hágale tragar unas gotas de vinagre (cerrándole las branquias, desde luego) y de esta forma eliminará totalmente el gusto a cieno.

Tiempos de cocción
Filetes de pescado a la plancha o la sartén: cuatro minutos por cada lado.
Pescado pequeño a la plancha o la sartén: siete minutos por cada lado.
Pescado grande al horno: 25 minutos; con salsa: apague el fuego en cuanto comience a hervir y el pescado terminará de cocerse en la salsa.

PESOS Y MEDIDAS

Resulta muy útil disponer de un contraste preciso que le permita evaluar las dimensiones de masa (pesos) o superficie que nos son útiles en la vida diaria, sin tener que recurrir a un metro o a una balanza. Algunas de estas medidas pueden compararse con distintas partes de nuestro cuerpo, que podemos contrastar sin dificultad.

Medidas de contenido
Una taza de café: un decilitro
Una cucharilla: 10 gramos
Un vaso: dos decilitros
Una cuchara sopera: 25 gramos

Medidas de longitud
Contraste su paso, o mejor dos pasos (en principio 80 centímetros y 1,60 metros).
Su antebrazo. Su palmo. La altura de una mesa: 80 centímetros. La longitud del índice. El diámetro de una moneda de 100 pesetas: 25 milímetros.

Pesos
Una moneda de 100 pesetas pesa algo más de 9 gramos. Treinta páginas de periódico de formato pequeño pesan algo más de 75 gramos.

PÍCNIC

El hielo se conservará durante más tiempo en la nevera de cámping si lo cubre de sal gruesa.

PIELES

Conservación
Coloque su ropa de piel en una percha e introdúzcala, sin apretarla, en un armario que no deje pasar nada de luz y cuyas paredes sean preferentemente negras.

Durante el verano
Fabrique una funda de tela, preferiblemente de color negro, con la que podrá cubrir su ropa de piel, procurando introducir en los bolsillos dos o tres bolas de naftalina. No la meta nunca en una funda de plástico.

Si la lluvia le ha cogido por sorpresa
Cuelgue la ropa y déjela secar sin tocarla. A continuación, todavía colgada, golpéela con una varilla de avellano y el pelo recuperará su forma.

Si sus pieles están apagadas
Conseguirá que recuperen su brillo pasándoles la palma de la mano untada ligeramente con aceite de oliva.

Perfume
No vaporice perfume en las pieles, ya que dejaría marcas grasas que la ensuciarían enseguida.

Los bolsillos
No caiga en la tentación de introducir las manos en los bolsillos, puesto que la ropa se deformaría y colgaría de mala manera. Cosa los bolsillos por dentro.

Piel de gamuza
Hará que brillen sus objetos de estaño, cobre e incluso de metal corriente.

Piel de oveja
Atrévase a lavarla en la bañera con agua tibia y jabón.

Aclárela apretándola suavemente sin retorcerla. Añada un poco de suavizante en el último aclarado, escúrrala dándole vueltas, siempre sin retorcerla, y póngala a secar en plano. Puede obtener el mismo resultado lavándola a máquina en el programa para lana.

Piel de cabra

La piel de cabra conserva a menudo durante mucho tiempo un olor persistente, más bien desagradable. Atenúelo mezclando talco y arena o serrín a partes iguales. Espolvoree con esta mezcla la piel, frotándola para que penetre hasta la raíz. Deje que actúe una o dos horas y después sacuda la piel varias veces.

Para curtir una piel de conejo

En invierno la piel es más bonita porque está más rellena. Así pues, es preferible curtir las pieles durante esta estación. No utilice la piel de conejos jóvenes, ya que es muy frágil. Una vez despellejado el conejo, ponga la piel del revés. En primer lugar, corte la cabeza y las patas y, a continuación, ponga a secar la piel siguiendo su forma normal, rellenándola de paja de heno o de trozos de espuma.

Cuando la piel esté completamente seca, ábrala en dos y sumérjala varias horas en agua y vinagre (un vaso pequeño por dos litros de agua). Después, ábrala por el centro del vientre y extiéndala en una plancha de madera, con el pelo hacia abajo.

Con un cuchillo muy afilado raspe la parte interior de la piel para extraer los restos de grasa y la membrana brillante y transparente que está seca en la piel. Prepare un baño de alumbre y sal gruesa: 350 gramos de alumbre (se vende en farmacias) y 150 gramos de sal gruesa por cinco litros de agua tibia. La piel debe permanecer en remojo durante dos días y se la debe apretar de vez en cuando para que el agua penetre bien y pueda conservar de este modo toda su suavidad. Retire la piel y extiéndala clavándola en una plancha de madera muy limpia, siempre con el pelo hacia abajo. Déjela secar en un lugar

aireado y seco, protegida del sol. Unos 15 días después, desclave la piel ya seca, suavícela tirando ligeramente del pelo en todas direcciones y después amásela. Frote el pelo con un cepillo suave para que brille.
Atención: la duración del proceso de secado depende, desde luego, de la estación y de la temperatura ambiente del local elegido.
Ya sólo le queda utilizar la piel para realizar cojines, las mangas de jersey, una alfombra, etc.

Otro método de curtido
En cuanto el conejo esté despellejado, abra la piel por el centro del vientre y déjela toda la noche en remojo en agua fría. Raspe con la hoja de un cuchillo muy afilado los restos de carne que hayan quedado pegados a la piel. Ponga a hervir 200 gramos de alumbre (se vende en farmacias) y 90 gramos de sal gruesa en cuatro litros de agua. Espere que el agua esté tibia e introduzca la piel dejándola 24 horas. A continuación, fuera del agua, frote bien la piel sin retorcerla. Ponga a calentar de nuevo el baño de alumbre y vuelva a introducir la piel que debe permanecer en remojo 24 horas más. Prénsela lo más a menudo posible ya que de ello depende su suavidad. A continuación, extiéndala en un tendedero. No la utilice hasta que esté completamente seca.

PIMIENTOS ROJOS

Para conservarlos en vinagre
Límpielos con cuidado (sin lavarlos). Colóquelos en un tarro, espolvoréelos con sal fina y cúbralos con vinagre blanco. También puede añadir una rama de tomillo y de perejil para aderezar el tarro.

Jugo de pimientos verdes o morrones
Lave y seque cuatro pimientos morrones grandes y áse-

los al grill de cinco a ocho minutos por cada lado. Pélelos y quíteles las pepitas. Córtelos en trozos, macháquelos con el mortero o, mejor todavía, páselos por la picadora con medio vaso de aceite de oliva, una cucharada sopera de crema de leche, una cucharadita de alcaparras, sal y pimienta. Este jugo acompañará perfectamente las carnes rojas a la plancha, las *fondues* de carne y la pasta.

PINCELES

Para tenerlos siempre listos
Cuando haya terminado de pintar, no olvide limpiar bien sus pinceles. Úntelos con aceite y séquelos. Cuélguelos con las cerdas hacia abajo.

Para reblandecerlos
Si no los ha limpiado después de usarlos, parecerán inutilizables. Sumérjalos en un recipiente lleno de vinagre muy caliente. Los pelos se despegarán enseguida y recuperarán su flexibilidad.

Para conservarlos «entre dos capas de pintura»
Envuélvalos en papel de aluminio. Al día siguiente los encontrará tal y como los dejó.

PINTURAS

Para atenuar el olor
Añada dos cucharadas soperas de vainilla en polvo por kilo de pintura... ¡Sorprendente!

Pintar puertas y ventanas
Antes de pintarlas, páseles una capa de imprimación.

Esto supone más trabajo, pero merece la pena: el efecto es mucho más bonito y la pintura se adhiere mejor y dura más tiempo, lo cual facilita su mantenimiento.

Limpiar una pared

Utilice 100 gramos de detergente en polvo por litro de agua y frote la pared con un cepillo especial, empezando por abajo... No olvide aclararla abundantemente, de arriba abajo, por lo menos dos veces seguidas, dejándola secar.

Un buen truco para limpiar la cocina: cierre las puertas y ventanas y ponga a hervir gran cantidad de agua... El agua evaporada irá a parar a las paredes, que usted frotará con cuidado... ¡Habrá conseguido un buen prelavado!

Bote abierto

Conserve la pintura intacta dándole la vuelta al bote. La película se formará al fondo del mismo y no le molestará cuando tenga que volver a utilizarlo.

Para pintar el techo

Recuerde siempre comenzar en el sentido de la luz, ya que de esta forma no se verán las marcas de las brochas o rodillos.

Rodee el mango del rodillo o del pincel con una banda de espuma o de papel absorbente, que detendrá las gotas y protegerá sus manos.

Proteger los cristales de las ventanas

Es difícil pintar una ventana sin manchar el cristal con alguna gota de pintura. Corte una cebolla y frote con ella la superficie del cristal; la pintura no se podrá adherir al mismo.

Proteger ciertas zonas

Un método que utilizan a menudo los profesionales consiste en rodear las zonas que se van a pintar con una banda de tira adhesiva. No retire la tira hasta que la pintura esté completamente seca.

Pintar cantos rodados

Si mientras está dando un paseo, encuentra un bonito canto rodado en la playa o en el fondo de un riachuelo, puede pintarlo con motivos de cualquier tipo. Dibuje primero los trazos y, a continuación, coloréelo. Utilice colores espesos (aguadas, óleos) o pinturas de tipo tinta. Para el negro, lo mejor es la tinta china. En cuanto se haya secado completamente, barnícelo y dispondrá de un maravilloso pisapapeles.

Nota: si cree que no tiene ni gusto ni talento para pintar, deje el canto rodado tal cual, pero límpielo cuidadosamente con un cepillo. Su forma, su volumen y su color le ofrecen una imagen incomparable de lo que la naturaleza es capaz de producir en millones de años.

PLANCHA ⇒ tejidos

Para limpiar la plancha

Para que no deje huellas en la ropa, debe estar siempre perfectamente limpia.

Conecte la plancha a la temperatura para lana, frótela con una vela y, a continuación, con un trapo suave.

Plancha a vapor

Después de utilizarla, no deje nunca agua en su interior. La cal la atacaría enseguida dejándola totalmente inservible.

Para disolver la cal

Puede utilizar cualquiera de los productos que se venden en las tiendas, pero también puede fabricarse uno por sí mismo diluyendo un poco de vinagre blanco en agua. Ponga esta mezcla en el conducto del agua, conecte la plancha a la temperatura para algodón y deje que salga todo el vapor. Repita la operación como mínimo dos veces más, llenando totalmente el conducto con agua desmineralizada.

Para eliminar el almidón
Frote la plancha con un trapo empapado en agua y vinagre, que hará que las manchas de almidón se despeguen.

Si la plancha y la ropa almidonada no hacen buenas migas
Para que la plancha no vuelva a pegarse en la ropa almidonada, añada un poco de sal al agua del almidón antes de introducir en ella su ropa.

Empleo de la plancha - conservación de los tejidos
La conservación y duración de la ropa dependen en buena medida del tipo de fibras que la componen.
Animal: lana y seda. Vegetal: algodón, lino, cáñamo y fibras artificiales o sintéticas.
Antes de lavar la ropa, examine la etiqueta y tenga en cuenta sus características, para el tipo de lavado o planchado.

PLANTAS VERDES

Si las hojas de sus plantas verdes muestran manchas blancas tras haberlas vaporizado, utilice el agua desmineralizada del deshielo de su frigorífico.

Para fortalecerlas
Ponga en la tierra de sus plantas posos de café cada 15 días. Este abono natural resulta ser un auténtico revitalizante para sus plantas de interior. No dude en limpiar las

hojas con cerveza, ya que de esta forma quedarán más brillantes y gozarán de mejor salud.
Por norma general, no las riegue con agua fría, sino con agua que esté a la misma temperatura que la habitación. Si el agua es muy calcárea, añada unas gotas de vinagre, de limón o de té.

Para regarlas
Durante las vacaciones, sus plantas no se secarán si procede de la siguiente forma (sólo necesita una palangana y una cuerda esponjosa): llene de agua la palangana y colóquela en posición más elevada que la maceta de la planta. Introduzca un extremo de la cuerda en el agua y el otro extremo en la tierra de su planta.

Otro método
Riegue abundantemente la tierra de sus macetas dos días antes de su marcha. El día D, llene de agua una botella grande de plástico y gírela rápidamente introduciéndola en la tierra de cada maceta, de manera que el cuello quede lo suficientemente hundido para que la botella no se caiga. Este procedimiento hará que las plantas conserven la tierra húmeda como mínimo durante dos semanas.

Riego especial
Riegue sus plantas con el agua de cocción de los huevos duros, una vez que se haya enfriado. Esta agua contiene gran cantidad de sales minerales, que enriquecerán la tierra y embellecerán sus plantas.

PLATA ⇒ hollín ⇒ metales

Protéjala
Guarde los cubiertos protegiéndolos de los golpes y de la luz. Fabríquese usted mismo un cajón forrado: compre en

una tienda varios guardacubiertos de plástico o de madera y fórrelos con tela de terciopelo adhesiva.

Para devolverle el brillo
Introduzca los objetos o cubiertos de plata en agua en la que se hayan cocido patatas.

Para limpiarla
Forme una pasta con ceniza de cigarrillo y el zumo de medio limón. Frote suavemente en círculos el objeto deslustrado y, a continuación, sáquele brillo con un trapo suave.

Plata picada
Resulta muy complicado hacer desaparecer las picaduras negras que estropean la plata. No obstante, puede probar el siguiente método: con la ayuda de un cepillo de dientes flexible frote los objetos picados con dentífrico blanco, de tubo. Aclare y seque.

PLÁTANOS

Para que se conserven
Se conservarán perfectamente si los envuelve en papel de periódico y los coloca en un lugar fresco, en ningún caso en el frigorífico.

En macedonia
Cuando prepare una macedonia, las rodajas de plátano no se pondrán negras si las remoja previamente con zumo de limón.

Atrévase a comerlos calientes
Asados acompañan deliciosamente los asados de cordero. Colóquelos alrededor de la carne 10 o 15 minutos antes de que termine de asarla.

Azucarados y asados al horno
Pele de cuatro a seis plátanos y colóquelos en una bandeja de barro con mantequilla. Espolvoréelos con azúcar, riéguelos con el zumo de un limón al que habrá añadido tres cucharadas soperas de agua y métalos en el horno a temperatura media. Cuando los plátanos se hayan dorado, añada un vaso de ron. Sírvalos calientes o flambéelos, si lo prefiere.

POLILLAS

Las polillas odian el olor de la menta.
Haga ramos pequeños de menta fresca, que puede colgar en el ropero o colocar en el armario. Además de espantar a las polillas, la menta perfumará agradablemente su ropa.
Si dispone de esencia de lavanda, todavía mejor. Ponga unas gotas en trozos de algodón que colocará entre la ropa, las mantas, bajo los colchones, etc.

POMELOS

Sepa escogerlos
Duros, de piel flexible ligeramente rosada, cuanto más pesen más gustosos serán. Y son más dulces cuanto más dorada sea su piel.

Como entrante
Presente la mitad de un pomelo por persona. Tenga la precaución de sacar las hebras centrales con una cucharilla. Sírvalos al natural o acompañados de gambas peladas y mayonesa, o de trozos pequeños de aguacate con laminillas de pollo.

Como postre
Espolvoree las mitades de pomelo con azúcar e introdúzcalas en el horno en la posición de grill. Retírelos cuando el azúcar comience a hacerse caramelo. ¡Son deliciosos!

Salud
Bébase cada mañana el zumo de un pomelo, es muy rico en vitamina C.

PORCELANAS Y CERÁMICAS

La limpieza normal debe realizarse con agua caliente y jabón.
Algunas manchas desaparecen con bicarbonato de sosa y otras, más incrustadas, con lejía (sea prudente para que no resulte peor el remedio que la enfermedad). Aclare y seque bien.

Línea de color negro
Puede presentarse en una grieta. Límpiela frotando con un algodón empapado en agua oxigenada de 30 volúmenes.

Rotura en un sitio roto anteriormente
Para eliminar todos los restos de cola: sumerja el objeto en agua caliente y, si esto no basta, utilice alcohol o acetona. A continuación, aplique en las dos partes a unir una capa fina de cola epóxida de dos componentes. Presione con fuerza durante unos instantes y utilice un peso o cualquier objeto para mantenerlos pegados. Acelere el secado utilizando el secador de cabello.
Si ha desaparecido un trozo, puede restaurarlo, si no es demasiado grande, rellenando el hueco con una pasta formada con yeso fino y un poco de cola epóxida. Retire la cola sobrante con una cuchilla de afeitar.

PRESENTACIONES

A la hora de presentar a nuestros invitados, deben respetarse ciertos principios básicos. Entre mujeres, nombre siempre a la más joven en primer lugar, y después a la mujer casada o a la de más edad.
Entre un hombre y una mujer, presente primero al hombre que a la mujer.
En cuanto a los niños, nómbrelos sin especificar el apellido, salvo en el caso de que lo considere oportuno. Los niños no deben dar la mano, así que se contentarán con responder con una sonrisa.
Los hombres se presentan entre sí nombrándose sin necesidad de intermediario, normalmente empezando por el más joven.

PRIMEROS AUXILIOS ⇒ boca a boca

Es prudente disponer en todo momento de un botiquín de primeros auxilios dispuesto a ser utilizado mientras se espera que llegue el médico.
Le ofrecemos una lista de productos básicos: algodón, apósitos estériles, vendas elásticas de cinco y diez centímetros de ancho, compresas estériles, pomada para los golpes y los esguinces, otra para las picaduras de insectos, alcohol de 90°, agua oxigenada, pastillas analgésicas y para el dolor de cabeza, unas tijeras de punta redonda, unos imperdibles, una pinza para extraer astillas y un termómetro médico.
Si vive en el campo, conviene tener suero contra las mordeduras de serpientes, aunque es preciso utilizarlo con precaución y sabiendo lo que se hace, o mejor todavía pedir a un médico que se ocupe de ello.
Esta lista es mínima; puede completarla solicitando con-

sejo a un especialista y atendiendo a las necesidades de las situaciones concretas.

PUERROS

Para disponer de ellos el máximo tiempo posible
Llene una maceta de tierra. Escoja dos o tres puerros y plántelos en la maceta. Continuarán creciendo si se contenta con cortar los tallos para aromatizar sus guisos o sopas. Riéguelos de vez en cuando.

En el huerto
Los puerros, las cebollas y las chalotes no se llevan bien. Plántelos a distancia unos de otros.

Salud
Conserve el agua de cocción de los puerros en una botella en el frigorífico.
Beba de una a tres tazas diarias, ya que es un diurético excelente.

Belleza
También puede reservarla para el último aclarado de su cabello que, si es oscuro, quedará con reflejos.

Salsa
Lave bien cinco bulbos de puerro y pélelos. Cuézalos 15 minutos con 30 gramos de mantequilla, dos chalotes en trozos y, dependiendo de la temporada, las hojas de un manojo de berros o el cogollo de una lechuga. Cuando estos ingredientes se hayan reducido, páselos por la picadora. Añada después dos yemas de huevo, vuelva a ponerlos al fuego suave, añada 50 gramos de crema de leche y salpimiente.
Esta salsa acompañará perfectamente a las carnes blancas.

PUERTAS

Sacar una puerta de los goznes
Ábrala casi por completo para que el batiente quede totalmente retirado del marco superior. Introduzca bajo la puerta un cincel de metal y empújelo con el pie, sujetando la puerta con las manos; tenga cuidado con las puertas...
Para volver a colocar la puerta en su sitio, realice la operación inversa, que es más complicada.

La puerta tenaza
La parte de la puerta en la que están los goznes, al cerrarse, forma una bisagra temible en la que más vale no

Un buen truco para que una puerta no se quede abierta. Vea nuestro dibujo, habla por sí solo.
Nota: las poleas son de las que se utilizan para las cortinas; la cuerda corrediza pasa por el tapón, que está introducido a presión en la botella; la botella se llena con la cantidad necesaria de arena o agua.

introducir los dedos. Pero se puede utilizar ocasionalmente como tenaza: para partir una nuez; ninguna se resiste, aunque debe procurar no aplastarlas; para sujetar con fuerza un tapón de metal que se resiste o uno de cava que no se decide a salir.
Atención, es preciso ser prudente para no estropear la madera de la puerta... y para no perder los dedos en la bisagra.
Para mantener una puerta abierta sin el riesgo de que dé portazos, introduzca en el lugar adecuado un trozo de cartón en varios dobles (o mejor un trozo de goma), que utilizará como cuña. También puede utilizar un tapón cortado en bisel a lo largo.

PUNTILLAS

Para lavarlas
Además de antiguas, las puntillas son a menudo preciosas y frágiles. Lávelas a mano con agua y jabón. Si son de nailon, es decir menos frágiles, puede ponerlas en la lavadora, pero no añada lejía.

Para decorar las sábanas
Si quiere decorar los bordes del dobladillo de algunas sábanas que estén algo usadas y ajadas, cosa en ellos una tira de puntilla. Haga lo mismo con los almohadones.

Para decorar los estantes
Tal como lo hacían nuestras abuelas, decore con una tira de puntilla los estantes de los armarios de la ropa.

Para plancharlas
Para evitar aplastar las puntillas y bordados cuando plancha, coloque la ropa de vestir o de casa entre dos toallas suaves.

PUNTO

Cuando un punto «se hace el remolón»
Si acaba de darse cuenta de que se le ha escapado un punto hace tres o cuatro vueltas, no se desespere. Vuelva a cogerlo con un ganchillo del mismo grosor que las agujas, haciéndolo pasar de atrás adelante a través del hilo horizontal que se encuentra inmediatamente por encima, hasta alcanzar la altura de la aguja de la que se ha escapado; a continuación, siga la labor normalmente.

Jerséis de los niños
Los niños desgastan especialmente las mangas de los jerséis. Haga las mangas comenzando por la parte superior y de esta forma podrá deshacer sin problemas los puños para volver a tejerlos con lana nueva. Considere también la posibilidad de renovar las mangas completas cuando comiencen a gastarse los codos.

Parches
No tire los jerséis usados. Confeccione con ellos una colcha de parches cortando cuadrados de unos 15 centímetros de lado. Rodéelos con un bies cosido a máquina y, a continuación, una los cuadrados entre sí con una costura que no se vea.

Para cortar un tejido
Es más sencillo tirar de un hilo que cortar un tejido con las tijeras. Saque un hilo de un punto del borde del tejido y tire de él hasta el otro borde antes de cortarlo. Sólo le queda levantar los puntos que han quedado al descubierto con una aguja de tricotar.

Para contar las vueltas de punto liso, tenga en cuenta que la línea en relieve representa una vuelta y la línea hundida otra.

Si no sabe si su labor está del derecho o del revés, mire la hebra del comienzo: si se encuentra a la derecha, la parte que mira hacia usted es el derecho.

Acostúmbrese a marcar puntos de referencia en la labor para no tener que contar cada vez las vueltas o los puntos (para los aumentos o las disminuciones, por ejemplo). Bastará con colocar en el lugar adecuado una hebra de distinto color que la labor.

Cuando retome la labor tras varios días de haberla dejado abandonada, deshaga unas vueltas, ya que de lo contrario quedaría en ella una marca que no se va, ni siquiera después de lavarla. A continuación, retome dichas vueltas con una aguja más fina para que le resulte más fácil.

Marca de lana diferente
Si tiene que utilizar una marca de lana diferente de la que le indican las instrucciones, compruebe haciendo una pequeña muestra que los resultados sean idénticos. Si no es así, utilice agujas de medio número o un número como máximo más o menos. Si aun en este caso la muestra sigue sin corresponder a las medidas indicadas, significa que la lana es demasiado distinta y que es preciso modificar las instrucciones.

También puede obtener el punto liso haciendo todas las vueltas al revés en lugar de al derecho. Algunas personas prefieren hacer punto al revés, ya que, a menudo, el punto queda más regular.

Terminar siempre la vuelta
No interrumpa jamás la labor sin terminar la vuelta, aunque tenga bastante prisa, ya que de esta forma se ahorrará muchas molestias. De hecho, si la guarda así demasiado tiempo, los puntos se aflojarán en esta zona y se producirán agujeros que resultarán muy difíciles de eliminar, aun cuando se planchen cuidadosamente.

A menudo, la primera vuelta de los bordes, después de la vuelta de montaje, queda floja e irregular. Para evitar este problema, hágala con los bordes del revés (es decir, cogiendo el punto por detrás).

Conserve siempre un poco de lana y si la que compra por segunda vez tiene un tono ligeramente distinto, resérvela para los acabados. De esta forma evitará que se perciba la diferencia de color.

Si elige una lana diferente de la que le indican en las instrucciones, haga una muestra y compárela con las mismas. Cuanto más grande sea la muestra, menos riesgos correrá de equivocarse. Si no coinciden en absoluto, tiene que rehacer las instrucciones, calculando la cantidad de puntos sobre la base de las medidas que le dan en el esquema.

Compre de una sola vez la lana que necesite para la labor, para no arriesgarse a no encontrar la misma: los tintes cambian con cada nueva remesa. Si le sobra un poco no la tire; puede utilizarla tarde o temprano, por ejemplo para hacer un jersey de *jacquard*.

Haga una muestra

Recuerde que es muy importante hacer una muestra que permita adaptar su propio modo de hacer punto y el tipo de lana que emplea a las explicaciones del modelo. Si para hacer diez centímetros necesita una mayor cantidad de puntos que lo que se indica, quiere decir que su punto es muy apretado. En este caso, utilice agujas de medio número o de un número más (y viceversa, desde luego).

El algodón

Si hace punto con algodón, tenga en cuenta que se encogerá en cuanto lo lave. Para evitarse sorpresas desagradables, haga una muestra de unos doce centímetros y cierre los puntos. Ponga la muestra en remojo para que pierda el apresto, escúrrala bien y, a continuación, póngala a secar en plano.

Plancha a vapor
Planche al vapor la muestra, del revés. No la mida hasta haber realizado esta operación. Ahora dispondrá de la auténtica muestra, ciertamente distinta de la que tenía al principio.

Cuando se le acabe una madeja y deba comenzar otra, le aconsejamos hacerlo al principio de la vuelta, aun cuando tenga que desperdiciar un poco de lana.

Cuando haya terminado la labor, para disimular los extremos de las hebras que inevitablemente surgen por doquier, no utilice una aguja sino un ganchillo, le resultará más rápido. Introduzca el ganchillo en los puntos anteriores o posteriores al lugar del que sale el hilo, engánchelo y hágalo pasar por cuatro o cinco puntos, soltando poco a poco el ganchillo.
Para que la hebra se devane de forma regular, sin tener que tirar de ella, empiece por el interior de la madeja.

Si hace punto a menudo, la diferencia de tensión del hilo, si está del derecho o del revés, se nota (y no queda bonito). Intente hacer punto con dos agujas de números distintos, utilizando la medida menor para la vuelta más floja y la medida mayor para la vuelta más apretada.

Remontar un punto
Si mientras hace la labor se ha equivocado en un punto, deje caer este punto hasta el lugar del error y remóntelo con un ganchillo.

Hacer punto con dos lanas
Cuando haga punto con dos lanas a la vez es aconsejable, aun cuando resulte menos práctico, mantener las

dos madejas separadas y devanar las dos hebras de forma paralela con la misma tensión.

Hacer punto con lana oscura
Cuando haga punto con lana oscura, que cansa los ojos, póngase una toalla blanca sobre las rodillas. El contraste entre los dos colores hará que la labor resulte más clara, y de esta forma podrá contar los puntos con más facilidad.

Retomar una labor
Si tiene que deshacer una parte de la labor y volver a tejer los puntos con las agujas, utilice unas más finas para repetirla: le resultará más rápido. Continúe la labor con las agujas normales.

QUESOS

Saber presentarlos
El lugar que ocupan los quesos en una bandeja es importante. Coloque en el centro los azules y los de cabra, a continuación los quesos blandos y por último los más secos en el borde, para que puedan cortarse más fácilmente. La tradición indica que deben empezarse los quesos antes de presentarlos. No olvide nunca ponerlos en un lugar a temperatura ambiente, como mínimo una hora antes de consumirlos.

El gruyère
Quedará tierno durante más tiempo si coloca encima un terrón de azúcar.
Para gratinar: el gruyère rallado con un pelapatatas se extenderá mejor al fundirse en los gratinados.
Si un trozo de gruyère se ha quedado duro: rállelo y colóquelo en una tarrina en el congelador. Podrá disponer de él en todo momento simplemente rascando con un tenedor la cantidad que necesite.

Los quesos de cabra
Pruebe la corteza blanca, que es excelente al grill, acompañando a una ensalada crujiente o incluso en tostadas.

Hágalos usted mismo
Si puede disponer fácilmente de leche de cabra fresca, no dude en hacer pequeños quesos caseros. Ponga en cada litro de leche de cabra dos o tres gotas de cuajo, que puede comprar en farmacias. Cuando la leche esté cuajada y el agua haya ascendido, ponga el queso en un escurridor hasta que el agua se evapore completamente. Tendrá un queso blanco fresco. Consúmalo endulzado, enriquecido con una cucharada de nata fresca o con pepinillos o filetes de anchoa. Si lo deja secar en un tapete de paja dándole vueltas diariamente, podrá comerlo seco o muy seco, regado con un buen vino.

Para aprovechar los restos
Prepare una pasta para tostadas que puede servir con el aperitivo. Mezcle los quesos tiernos con una rodaja de jamón y un poco de leche. Por lo que respecta a los quesos secos, rállelos y, a continuación, mézclelos con un huevo y un poco de leche. Aromatice las dos recetas con pimienta, azafrán o hierbas de Provenza en polvo. También puede conservarlos en el congelador.

Camembert
Para evitar que se desborde, guárdelo en el papel y en la caja en la que iba embalado. Coloque la caja de forma vertical, con la parte cremosa hacia arriba, desde luego.

RÁBANOS

Sepa escogerlos
Escójalos brillantes, lisos y con las hojas muy verdes, no marchitas.

Si están marchitos
Para revigorizarlos, póngalos a remojo en agua tibia unos diez minutos.

Presentación floral
Tras haber practicado una incisión en cruz en el extremo, sumérjalos en agua salada durante unos minutos.

Sopa
Utilice las hojas de los rábanos para preparar sopas, que puede conservar en el congelador.

En el huerto
Para que salgan tiernos y sabrosos, su cultivo debe ser rápido (como máximo tres semanas) y en un lugar soleado. Si los riega regularmente no le saldrán picantes.

RAFIA

Los objetos de rafia cogen polvo enseguida y presentan un color gris. Introdúzcalos unos minutos en agua tibia muy salada, aclárelos y déjelos secar en un lugar aireado. Recuperarán su color inicial.

RATONES

Para eliminarlos
Son tan corteses que prefieren frecuentar su casa de campo cuando usted no está. Coloque cayena en polvo en los lugares por los que normalmente pasan. Odian este olor, de modo que se marcharán.
Otro método consiste en colocar unas ramas de menta

verde bajo los muebles, en las ventanas y en los agujeros.

RELOJ DE SOL

Puede fabricarse fácilmente un reloj de sol con una plancha de madera cuadrada de 45 centímetros de lado. Haga un agujero en el centro y clave en él un cilindro de madera o un corcho totalmente perpendicular a la plancha. Atraviese el cilindro con una varilla de madera cuya colocación permite la inclinación de la plancha, que se ha convertido en reloj. En Barcelona la inclinación debe ser de 41° 20' y en Sevilla de 37° 20'; esta inclinación es igual a la latitud del lugar en el que se instale el reloj de sol.

Para orientarlo, se dirige la punta de la varilla hacia el Norte con ayuda de una brújula (se trata del Norte geográfico, así que téngase en cuenta la desviación magnética).

Para **graduarlo**, marcamos el **mediodía** o las 12 en el lugar en que se encuentre la sombra de la varilla un día de verano a esta hora (téngase en cuenta que la hora del ve-

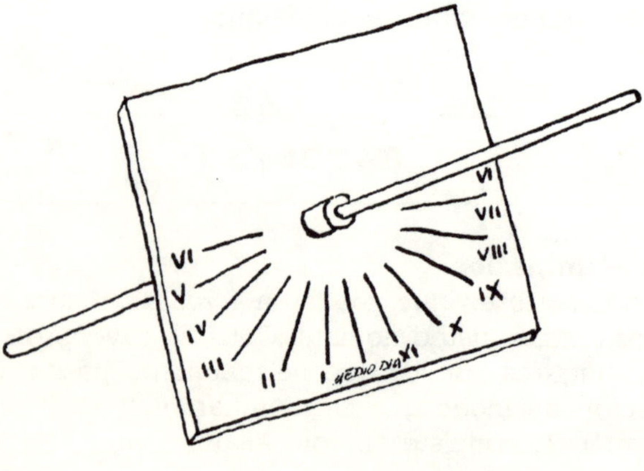

rano varía dos horas respecto a la hora solar y una hora la del invierno).
Se marcará cada hora en el reloj a intervalos de 15° (360°: 24 horas) hasta las 20 horas en verano, hacia la izquierda, y desde las 6 horas hacia la derecha.
Nota: en verano, el sol pasa perfectamente por encima de la plancha y la sombra marca sin dificultad la hora señalada, pero ¿qué sucede en invierno? Será preciso leer el otro lado de la plancha graduado de la misma manera. En efecto, el sol da por la parte trasera de la plancha que hemos realizado, de forma que su base es paralela al ecuador y la varilla es paralela al eje de los polos.

REMOLACHAS

Serán más aromáticas si las asa en el horno. En ensalada, quedarán esponjosas si, antes de aliñarlas, las espolvorea ligeramente con azúcar. Las remolachas acompañan perfectamente a las patatas, las manzanas crudas, las nueces y los chalotes.

Cocidas o crudas, en conserva

Córtelas en dados e introdúzcalas en un tarro con cebolletas. Añádales salpimienta y recúbralas con vinagre de sidra o vinagre blanco. Quedarán estupendas para decorar las comidas o presentadas con el aperitivo.

Belleza

¿Tiene mal aspecto, un color apagado, y tiene que salir esta noche? Prepárese una mascarilla embellecedora. Mezcle una cucharadita de crema de leche espesa con dos cucharaditas de zumo de remolacha roja cruda y la misma cantidad de zumo de pepino. Aplíquese esta mezcla en la cara durante 15 minutos. Aclárese con agua o con un tónico y séquese bien antes de maquillarse.

RESPALDOS DE REJILLA

Dejarlos como nuevos
Con el tiempo, las rejillas de las sillas o sillones toman un color gris y se deforman completamente. Para devolverles su buen aspecto original, lave la rejilla con agua fría salada, aclárela rápidamente y póngala a secar al sol o junto a cualquier otra fuente de calor: volverá a apretarse y el sillón recuperará su comodidad.

ROPA

Para deslustrarla
Con bastante frecuencia, la ropa de color negro va cogiendo brillo poco a poco. Frótela con una esponja empapada en agua y vinagre y después plánchela intercalando un papel absorbente doblado en dos.

De ante
Frote el cuello con una goma de borrar.

De terciopelo
No la planche nunca por el lado del pelo, ya que se arriesgaría a aplastar el terciopelo y a eliminar el brillo. En su lugar, plánchela del revés, colocada sobre una toalla, y conservará su aspecto suave y a la vez brillante.

Los cuellos
Frote los cuellos de abrigos, gabanes o chaquetas con un algodón empapado en loción limpiadora para moquetas.

De algodón
No encogerá si utiliza un viejo truco de marinero que consiste en poner en remojo la ropa de algodón duran-

te 24 horas en agua de mar o, en su defecto, en agua con mucha sal.

De piel

Se plancha a la perfección si intercala entre la plancha y la ropa una hoja de papel de embalar o un trozo de papel absorbente doblado en dos.

Planchado

Evite las marcas del dobladillo no planchando más que el derecho de un tejido. Tenga la precaución de no planchar húmeda la ropa acrílica, ya que, en este caso, quedaría brillante a partir de ese momento.

ROPA DE CAMA

Colchón de plumas

Cambie la funda regularmente. Airéelo a menudo colgándolo en el tendedero o bien golpeándolo en la ventana con una varilla de avellano.

Para guardarla durante el verano

Introdúzcala entre el colchón y el somier, poniendo unas bolas de naftalina por la parte del somier.

Sábanas

Antes de colocarlas en el armario, perfúmelas delicadamente con unas gotas de esencia de lavanda. Lávelas a máquina a menudo: cuanto menos sucias estén, menos lejía requerirán y más tiempo tardarán en desgastarse.

Colchón

Déle vueltas de vez en cuando. Límpielo cada cierto tiempo con la aspiradora y protéjalo con una funda.

Almohadas
Proteja los almohadones con fundas usadas o viejas.

Somier
Sacúdalo varias veces al año o pase un trapo limpio por las varillas cada vez que dé la vuelta al colchón.

Para evitar la humedad
Si no va a su casa de campo durante el invierno, envuelva con papel de periódico el colchón y el somier, ya que absorbe la humedad.

Edredón
Las plumas del edredón no revolotearán si sumerge la funda en agua con mucho almidón. Deje que se seque y plánchela. La funda recuperará la flexibilidad poco a poco.

ROSALES

La auténtica poda se realiza en primavera, momento en que la savia muestra todo su vigor.

Para eliminar los pulgones ⇒ perejil
Siembre perejil o ponga posos de café al pie de sus rosales. Los pulgones odian estos olores y no se dejarán tentar por los capullos de las rosas.

ROSAS

Ponga a secar los pétalos en una cesta de mimbre y guárdelos en frascos.

Licor de rosa

Coja 500 gramos de pétalos de rosa muy lisos. Coloque en un tarro una capa de pétalos cubierta de otra de azúcar. Cierre el tarro y déjelo macerar durante cinco o seis días. Ponga en el tarro un litro de aguardiente y déjelo reposar durante cinco días. Fíltrelo e introdúzcalo en frascos.

Agua de rosas

Esta loción tónica es ideal para pieles grasas. Añada un puñado grande de pétalos de rosa en polvo en medio litro de agua hirviendo. Déjelos en infusión 15 minutos, filtre el agua e introdúzcala en frascos. Para que esta agua se conserve, añada seis gotas de tintura de benjuí.

Vinagre de baño

Ponga a macerar de 100 a 150 gramos de pétalos de rosas secas y perfumadas en un litro de vinagre de sidra durante 15 o 20 días, moviéndolo de vez en cuando. Fíltrelo y utilice diariamente este vinagre para limpiar y vigorizar la piel cansada y grasa.

Si tiene también el cabello graso, puede utilizarlo además en el último aclarado, después de lavárselo, añadiendo a razón de dos cucharadas soperas de vinagre en un bol de agua.

Pétalos de rosa confitados, un bonito regalo

Se parecen a las violetas pequeñas con que se decoran algunos pasteles.

Escoja pétalos grandes y bonitos de rosas rojas. Prepare un jarabe con 500 gramos de azúcar, medio litro de agua y un poco de nuez moscada rallada. Saque el jarabe del fuego cuando el areómetro para jarabes indique 30°. Añádale 175 gramos de pétalos y déjelos macerar tres horas. Vuelva a ponerlo al fuego y apáguelo en cuanto comience a hervir. Tápelo y déjelo macerar hasta el día siguiente.

Repita cuatro veces esta operación dejando 24 horas de separación entre cada una de ellas. Vuélquelo en un tamiz y espolvoréelo con azúcar o azúcar glaseado. Déjelo secar al aire o póngalo en la entrada del horno durante cuatro o cinco horas, con el termostato al cuatro. Guarde los pétalos en una caja metálica o de madera bonita.

En el jardín

Las rosas tendrán más perfume si coloca dos o tres plantas de ajo al pie de los rosales.

ROTULADORES

Minas de rotulador gastadas

Introduzca la punta de la mina en un gota de alcohol de 90°, y les dará una segunda oportunidad.

Mancha de rotulador en la ropa ⇒ manchas

Para eliminarla, coloque bajo la ropa manchada un trozo de algodón. Moje la mancha con alcohol de 90° y ésta se trasladará al algodón.

Repita la operación tantas veces como sea preciso, evitando frotar.

RUIBARBO

Para que se conserve
Para que se conserve durante varios meses, incluso todo el año, límpielo y córtelo en trozos pequeños. Introduzca los trozos en tarros, cúbralos con agua azucarada y ciérrelos herméticamente.

En el jardín
Cubra los tallos con una bolsa opaca, con un trapo o con paja que atará alrededor. Manténgalo todo junto con un rodrigón. Unas dos semanas después, el ruibarbo habrá adquirido un color blanco y será mucho más perfumado.

SACABOTAS

Fabríquese un sacabotas
Si la bota se le resiste y no puede recurrir a un alma caritativa... En el extremo de una plancha de tres o cuatro centímetros de grosor haga una muesca de 18 centímetros de longitud, que forrará de espuma para evitar estropear las botas. A continuación, en la punta de la muesca, clave una cuña de unos tres centímetros.

SAL ⇒ arroz

Para que se conserve
Coloque en el paquete la tapadera de un tubo de pastillas efervescentes, que protegerá a la sal de la humedad.

Para evitar salpicaduras
La mantequilla no salpicará alrededor de la sartén cuando se calienta si la espolvorea con sal fina. Si sigue un régimen sin sal, añada a la mantequilla un poco de aceite.

Para la repostería
Un poco de sal fina añadida a la masa de pastel realzará el gusto de la vainilla azucarada.
Los pasteles no se quemarán si coloca un puñado de sal gruesa entre la placa del horno y el fondo del molde.

Una fiesta imprevista
Refresque rápidamente vinos blancos o cava añadiendo a los cubitos de la cubitera un poco de sal gruesa.

Para las esponjas ⇒ **esponjas**
En cuanto comiencen a ponerse feas, póngalas toda una noche a remojo en agua muy salada.

Los días de hielo
Evitará los peligrosos resbalones ante su puerta esparciendo por la acera sal gruesa.

Para las garrafas
Introduzca en ellas un puñado de sal gruesa y un vaso de vinagre caliente. Agite enérgicamente, deje que actúe unos minutos y aclare después varias veces con agua tibia. Las garrafas de cristal recuperarán inmediatamente el brillo.

Para el cobre
Frote los objetos de cobre renegridos con una mezcla de sal fina y vinagre de alcohol. Aclárelos con agua fría y, a continuación, frótelos con un trapo suave.

En el cuarto de baño
La sal no raya los sanitarios. Límpielos con una esponja empapada en sal fina.

Para los olores ⇒ olores
Cuando barniza un mueble, el olor queda impregnado durante mucho tiempo tanto en el mueble como en la casa.
Coloque platos pequeños llenos de sal fina en el mueble y repartidos por la habitación. Dos o tres días después, el olor habrá desaparecido por completo.

Mancha de quemadura
Para hacer desaparecer una mancha de quemadura en un tejido blanco, humedezca la mancha y espolvoréela con sal fina.
Frote un poco con la yema de los dedos para que la sal penetre. Deje que se seque totalmente y después cepille. Repita esta operación hasta que la mancha desaparezca.

Mancha de sangre ⇒ manchas
Ponga a remojo la tela en agua con mucha sal durante todo un día.

Para los pies
Conseguirá que sus pies cansados se descongestionen al final de la jornada si los pone en remojo unos minutos en

diez litros de agua en la que habrá disuelto un puñado de sal gruesa.

SALCHICHAS

Para el aperitivo
Escáldelas con agua y mucha pimienta o páselas por la sartén. Córtelas en rodajas pequeñas y ofrézcalas en tartaletas decoradas con palillos.

Para cocerlas
Pínchelas varias veces con las púas de un tenedor para que conserven su aspecto apetitoso.

Salchichón empezado
No se secará si coloca en la parte comenzada una rodaja de limón, o si lo envuelve con una hoja de lechuga muy verde.

SALSIFÍS

Para limpiarlos
Déjelos en remojo en agua fría toda una noche. Después podrá pelarlos muy fácilmente con un pelapatatas.

Para blanquearlos
Para que no se queden negros, sumérjalos nada más pelarlos en agua a la que habrá añadido el zumo de un limón.

Para combatir las verrugas
Frótese las verrugas mañana y noche con el zumo de un salsifí crudo.

SALUD ⇒ primeros auxilios

Armario de los medicamentos
Compruebe regularmente su contenido y tire los medicamentos cuya fecha de caducidad haya pasado. Sepa, por ejemplo, que los frascos de colirio abiertos no se conservan más que dos semanas.
En caso de duda, deseche los medicamentos abiertos hace tiempo.
No tire los medicamentos al cubo de basura, lléveselos al farmacéutico.

Si cambia de médico o de localidad
En la primera visita, preséntese con un historial completo que incluya las últimas recetas, los resultados de los últimos análisis, la lista de las posibles intervenciones y un resumen de los problemas importantes que ha padecido en el pasado.

SALVIA

Luche contra el agotamiento físico y psíquico bebiendo cada mañana un vasito de salvia. Notará los resultados en muy poco tiempo.
Coja las hojas de salvia en la época de floración de la planta. Deje macerar 100 gramos de hojas en un litro de vino blanco suave. Agite la botella cada día y, diez días después, filtre el vino.

Para blanquear los dientes
Frótese los dientes con una hoja de salvia dos o tres veces por semana.

SARDINAS EN ACEITE

Hágalas a la plancha o páselas por la sartén... son deliciosas, y sin olores.
Las sardinas en aceite mejoran con el tiempo. Por esta razón, los auténticos amantes de las sardinas en aceite buscan las latas más antiguas.
Atención: Tenga siempre en cuenta la fecha de caducidad inscrita en la lata.

Paté de sardinas
Siga las instrucciones que le damos a continuación y obtendrá un delicioso paté.
Aplaste el contenido de una lata de sardinas, aceite inclusive, con el zumo de un limón y una cucharada sopera de mantequilla. Mézclelo bien hasta obtener una pasta suave. Salpimiente al gusto y sírvalo en tostadas.

SARTENES

Sartenes de hierro pulido
No emplee nunca el lavavajillas para limpiar las sartenes, ya que en ese caso estropearían sus alimentos.
Para limpiarlas, frótelas con agua muy caliente y después séquelas perfectamente para evitar que se oxiden.

Sartén gastada
No la tire, puede serle muy útil.
Frótela con sal gruesa tibia, hágale varios agujeros y podrá utilizarla para asar castañas.

SAÚCO

Para hacer vinagre
Le sorprenderá el aroma de este vinagre. Deje macerar un puñado grande de flores de saúco secas en un litro de vinagre de vino durante un mes. Fíltrelo e introdúzcalo en un frasco.

Salud
Para eliminar las verrugas, fróteselas lo más a menudo posible (cinco o seis veces al día) con hojas de saúco aplastadas. Si lo hace cuando la verruga está saliendo, o poco tiempo después, desaparecerá rápidamente.

SETAS ⇒ verduras y legumbres

Calcule 100 gramos de setas frescas por persona.

Setas en conserva
Escoja setas pequeñas, redondas y consistentes. Lávelas con mucho cuidado, bajo el grifo.
Séquelas en el horno o con el secador de cabello y colóquelas después en tarros. Añada en cada tarro un diente de ajo, unas cebolletas, una rama de tomillo, media hoja de laurel y salpimiente. Llénelos con vinagre hervido cuando ya esté frío, y cierre bien los tarros.

Conservas con manteca de cerdo
Algunas setas se conservan muy bien gracias a este método. El primer día, escoja las setas más consistentes, córteles los extremos y lávelas rápidamente bajo el grifo. Escúrralas bien. Cuando estén secas, introdúzcalas en un recipiente de gres apretando ligeramente sin aplastarlas. Cúbralas con manteca de cerdo fundida y añada

unas ramas de tomillo. El segundo día, introduzca el recipiente de gres en el horno y deje que las setas se cuezan a fuego lento durante 20 minutos. A continuación, vuelva a cubrir completamente el recipiente de manteca de cerdo. Ciérrelo colocando un trapo bajo la tapa.

Cosecha abundante

Si ha recogido muchas setas y no tiene tiempo de limpiarlas, evite encontrarse sólo con los restos al día siguiente: coloque las setas cabeza abajo; los gusanos irán a refugiarse al extremo del tallo durante la noche, así que bastará con cortar dichos extremos para deshacerse de los intrusos.

A la plancha

Utilice sólo las sombrillas.
Lávelas rápidamente bajo el grifo, escúrralas y pínchelas con una aguja de punto muy fina. A continuación, colóquelas unos minutos boca abajo en la plancha para que suelten un poco de agua. Enseguida podrá rellenarlas y cocinarlas a la plancha, esta vez en la posición correcta.

Sea precavido

Sobre todo, no crea que es válido el truco consistente en echar una moneda de plata en la cazuela de las setas, para constatar si ésta se empaña. Tampoco sirve cocinarlas durante mucho tiempo. Los venenos que contienen algunas setas, afortunadamente bastante pocas, son de diferentes tipos. Algunos son mortales, ya que sus efectos se presentan cuando ya es demasiado tarde para actuar.
Cada año, decenas de excursionistas ingenuos pagan un elevado tributo (en ocasiones su propia vida) a la «criptogamia» mal entendida.
Para coger y apreciar las setas, es preciso determinar sus aspectos botánicos y aprender a distinguirlas claramente: anillo, bulbo, pie, esporas, etc.

SOMBRAS CHINESCAS

Puede divertirse mucho intentando realizar sombras chinescas.
Le ofrecemos algunos modelos que hemos obtenido de un texto alemán dedicado a ilusiones y otras fantasías sensoriales[1].
Se cree que el origen de las sombras chinescas se remonta al siglo VIII, y que éstas se extendieron a la India, Java, Bali, Siam, China y más tarde Irán y Turquía. Los narradores de cuentos marroquíes las utilizaron para ilustrar sus historias. En el siglo XVII llegaron a Francia, de donde emigraron en el siglo XVIII a Estados Unidos, razón por la cual los estadounidenses las llaman «sombras parisinas».

Elefante sabio

Chivo

1. C. J. Bücher. *Illusionen Verlag*. Luzern und Frankfurt/Main.

Conejo pequeño

Perro malvado

Cisne: si abre la mano derecha, obtendrá un cisne más poético con las alas mecidas por el viento.

Águila, paloma o palomo, lo que prefiera.

SOUFFLÉ

Para comprobar si está cocido
Pínchelo con muchísima precaución con una aguja de punto de metal. Si el *soufflé* está hecho, la aguja saldrá completamente seca.
Sepa que si está cocido en su punto se aguantará durante más tiempo.

Para que le salga bien
Es un plato relativamente ligero y en principio fácil de realizar.
Para que le salga bien, basta añadir un poco de sal antes de batir las claras de huevo a punto de nieve. Al mezclar mueva las claras con delicadeza. No le dé vueltas de un modo rápido, ya que las claras se licuarían y el *soufflé* no «subiría». Una vez hecho, sírvalo inmediatamente.

Para que «suba» bien
Los *soufflés* salados «subirán» sin pegarse al molde si encima de la mantequilla espolvorea un poco de pan rallado muy fino.

Con conservas
La preparación será todavía más rápida si utiliza verduras en conserva (fondos de alcachofa, espárragos, apio, salsifís, zanahorias pequeñas, etc.), siempre y cuando las corte en trozos muy pequeños.

¡Paciencia!
Si sus invitados se retrasan un poco más de la cuenta, salve su *soufflé* cubriéndolo con una hoja de papel de aluminio. En principio, el *soufflé* «esperará» sin derrumbarse.

SUEÑO ⇒ lechugas ⇒ tila

Es el momento reparador de la jornada. Algunas personas necesitan muy pocas horas de sueño, mientras que otras, por el contrario, no se sienten bien si no duermen 8 horas. Sea como fuere, es muy importante dormir bien.
Coloque su cama de manera que el cabezal quede orientado hacia el Norte. Airee la habitación, aunque tenga que añadir una manta. No se acueste si tiene hambre ni tampoco con el estómago demasiado pesado. Prefiera las cenas ligeras, sin excitantes como el café, el té o el alcohol; es muy aconsejable dar un paseo después de cenar. Si sufre de insomnio, pruebe las infusiones. La de pétalos de amapola, por ejemplo, tomada media hora antes de irse a dormir resulta muy eficaz. Confecciónese una almohada apilando conos de lúpulo (que puede comprar en la herboristería). Relájese tomando un baño tibio. Coloque unas hojas de laurel o una pastilla de jabón pequeña bajo la almohada. Lea varias páginas de una novela. Recuerde algún momento afortunado de su vida. Sobre todo no mire el despertador, ya que aumentaría su angustia. Y si, pese a todos estos consejos, no consigue dormirse, consulte a su médico de cabecera. Pero procure no caer en el círculo vicioso de los somníferos; seguramente merece la pena recurrir primero a medicinas más suaves.

TAPETES

De ganchillo
Al lavarlos y, sobre todo, al secarlos se deforman fácilmente. No los retuerza después de lavarlos; simplemente apriételos entre las manos y póngalos a secar en un lugar

plano, sobre una toalla. Sujételos con unos alfileres pequeños de acero para que mantengan su forma inicial y no se deformen al secarse. Tenga en cuenta que, al mantenerlos en esta posición, el secado requerirá más tiempo.

Para plancharlos
Retire los alfileres, cubra los tapetes con un trozo de tela blanca fina y plánchelos al vapor, no deslizando la plancha sino apoyándola de una sola vez.

TAPONES HERMÉTICOS DE VIDRIO

Vuelque alrededor del tapón cierta cantidad de la solución siguiente: dos partes de trementina + una parte de glicosina + una parte de sal. Espere 24 horas y, si es preciso, vuelva a aplicar la solución.
Dé unos golpecitos suaves en el tapón a derecha e izquierda.
Si el tapón no sale, coloque el cuello del envase bajo el grifo de agua fría y vaya calentándola progresivamente.

TAPONES DE CORCHO

Para ablandar los calamares
No tendrá que golpear los calamares si añade a su agua de cocción un tapón de corcho.

Mancha de agua en un mueble encerado ⇒ manchas
Frótela en círculos con un tapón de corcho. Cuando haya desaparecido completamente, encérelo.

Para recuperarlo

El tapón de corcho se ha introducido dentro de una botella. Ármese de paciencia. Intente repescarlo haciendo un nudo en el extremo de una cuerda, que introducirá en la botella hasta colocarlo bajo el tapón; intente remontar lentamente el tapón por el cuello empujándolo con el nudo.

Para decorar una tela

Puede realizar diversos tampones con tapones de corcho cortando su base circular con una navaja o una cuchilla de afeitar. Podrá crear modelos originales en una tela, imprimiendo en la misma algunos de estos modelos sencillos con una tinta especial.

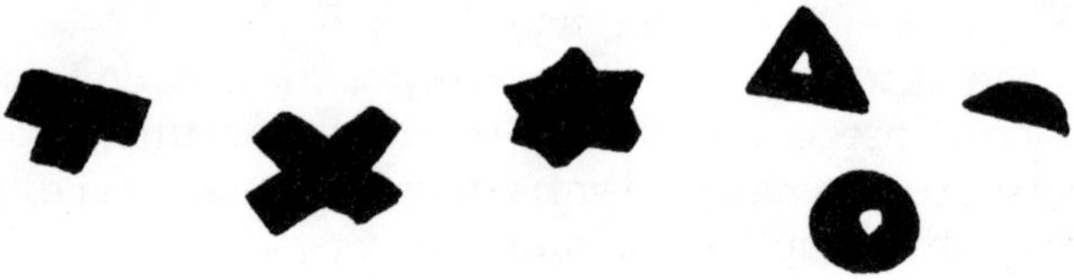

TARJETAS DE FELICITACIÓN

Son originales, muy fáciles de realizar y mantendrán ocupados a sus niños durante las vacaciones. Durante el año vaya reuniendo flores, hojas, algas, conchas pequeñas, ramas bonitas y cualquier otro material que le guste. Consiga papel de dibujo bastante grueso, córtelo a la medida que desee, pegue el material que haya elegido, dibuje, calque y deje correr su imaginación y la de sus niños.

Con estas tarjetas puede comunicar un nacimiento: dibuje un pollito con una flor en el pico, un corazón adornado con cintas, un gatito, etc.

Si no dispone de mucho tiempo, compre unos tapetes de

papel pequeños, escriba su mensaje en el centro y dóblelos para poder introducirlos en un sobre rectangular: logrará sorprender a sus amigos.

TARROS

Si es un fanático de la esterilización, evite que sus tarros choquen entre sí, colocando alrededor de los mismos un trozo de goma.

Para abrirlos
No siempre es fácil, lo cual resulta preferible ya que, si así fuera, significaría que no se ha conseguido esterilizar y no podríamos utilizar su contenido. De cualquier modo, los tarros desprenderían tal olor que no tardaría en darse cuenta. Ponga pues los tarros que desee abrir encima de un trapo húmedo, cabeza abajo; dé un golpe en la base y tire de la lengüeta. Puede ayudarse con un extremo del trapo.
Destápelos sin esfuerzo utilizando un trozo de papel esmerilado. Basta con colocar sobre la tapa la superficie abrasiva y desenroscar.

TARTAS

Para que no se rompan
Coloque la masa en un trapo enharinado, ponga el molde del revés sobre la masa y, de un golpe rápido, déle la vuelta sujetando los extremos del trapo. Coloque bien la masa, apretando con dos dedos sobre el trapo. De este modo, la tarta no se desmigará y adoptará la forma del molde.

Para no tener que manipularla

Si no le gusta el contacto con la harina, prepare su masa para tarta sin tener que tocarla. Introduzca en un tarro grande hermético todos los ingredientes necesarios, agítelo fuertemente y tendrá su masa lista.

Masa rápida

En una cazuela de esmalte, ponga a fundir a fuego lento 80 gramos de mantequilla con medio vaso de agua y un poco de sal fina. Cuando la mantequilla se haya fundido, añada rápidamente 150 gramos de harina y remueva con una espátula de madera. Retire la cazuela del fuego y coloque la masa entre dos hojas de papel de aluminio. Introdúzcala en el molde y hágale unos agujeros con las púas de un tenedor. Quedará más crujiente si la precuece durante unos diez minutos en un horno caliente, pero ya apagado.

Para absorber el zumo de frutas

Añada a su masa una capa de tapioca o de sémola sin cocer. Coloque a continuación la fruta cruda. Al cocerse, la sémola o la tapioca se inflarán al absorber el zumo de frutas.

TÉ

Para sus dientes
El té, que es uno de los alimentos más ricos en flúor junto a algunos pescados, sirve para prevenir la caries dental.

Para fortalecer las plantas verdes ⇒ plantas verdes
Riegue de vez en cuando sus plantas verdes con una infusión de té.

Belleza
Si su cabello es moreno o castaño, aclárese lo con una infusión fuerte de té, que le proporcionará unos bonitos reflejos cobrizos.

TEJADOS

Para evitar el musgo
El musgo no invadirá su tejado si tiende un hilo de cobre sobre la parhilera.

TEJIDOS

Cómo distinguirlos
Tire de un hilo y préndale fuego:
La lana chirría y deja en el aire un olor parecido a «cerdo asado».
La seda se apaga enseguida, dejando un poco de ceniza gris.

El algodón se quema sin humo y sin olor.
El rayón cuando se quema deja un olor semejante al papel quemado.
Los tejidos sintéticos se funden.
Desde luego, desaconsejamos poner en práctica esta prueba en unos almacenes...

TETERAS

Los auténticos amantes del té utilizan una tetera de barro que, después de su uso, solamente limpian con agua caliente.

Para limpiarlas
Para eliminar el depósito de tanino que tapiza el interior de la tetera, humedézcala y después espolvoréela con azúcar.
Frótela con un papel absorbente, aclárela dos o tres veces con agua caliente y limpie el pico con un bastón de algodón.

Para eliminar los olores
Si no va a utilizar durante algún tiempo la tetera o la cafetera, es conveniente colocar en su interior un terrón de azúcar.

Olor a moho
Para hacerlo desaparecer, llene la tetera con agua hirviendo, añada un limón cortado en rodajas y déjelo actuar durante 24 horas.
Si todavía persiste el olor, puede efectuar la operación tantas veces como sea necesario.

TELÉFONO

Recuerde limpiar de vez en cuando su teléfono. Utilice para ello un algodón ligeramente empapado en alcohol de quemar o alcohol de 90°.

Llamadas
Ahorre en teléfono. Coloque un reloj junto al aparato, así será más consciente del tiempo transcurrido.

TELEVISOR

No coloque nada sobre el televisor. Si es posible, sitúelo en un lugar protegido del sol y del polvo.
Recuerde limpiar la pantalla muy a menudo, vaporizándola con un producto para cristales, que secará rápidamente con un trapo que no deje pelusa.

TIJERAS

Para afilarlas
Corte varias veces una hoja de papel esmerilado o de lija del n.° 00. Repita la operación hasta que las tijeras vuelvan a cortar.

Para desoxidarlas
Frótelas con una cebolla partida en dos. Si están realmente muy oxidadas, déjelas a remojo en petróleo durante una noche.

TILA

Para el cabello
Prepare este champú natural para cabellos frágiles. Ponga un puñado grande de tila seca en un litro de agua hirviendo y mantenga la ebullición durante unos 15 minutos. Deje que se enfríe unos 30 minutos y añada seis huevos. Bátalos y deje que se cuezan sin hervir. Añada dos cucharadas soperas de miel, remueva y filtre. Puede utilizar este champú cuando el agua esté tibia. Aclárese varias veces con agua ligeramente avinagrada. El resto del champú se conservará varias semanas en el frigorífico.

Para los ojos
Reserve un resto de su tisana de la noche para humedecerse los ojos antes de irse a dormir. Esta loción los relaja y descongestiona.

Salud
Intente beber una taza antes de irse a dormir, ya que la infusión de tila no tiene ninguna contraindicación y, en el peor de los casos, lo único que le puede pasar es que se quede dormido...

En verano
Estas infusiones tranquilizantes pueden beberse frías tantas veces como lo desee. Pueden sustituir a las bebidas azucaradas que, desde luego, tienen bastantes calorías.

TOMATES ⇒ verduras y legumbres

Si los recoge bajo el sol del mediodía, serán más gustosos.

Para pelarlos
Sumerja los tomates en agua caliente durante unos segundos o frótelos con el revés de la hoja de un cuchillo, levantando la piel con la punta de forma que se despegue fácilmente.

Para que maduren
Al final de la temporada, a los tomates a veces les cuesta mucho madurar.
Cójalos con sus pedúnculos y colóquelos en una bandeja de mimbre, pedúnculo hacia arriba. También puede envolverlos en papel de periódico durante algunos días.

Latas de tomate
Sobre todo no conserve el tomate en una lata abierta, ya que se oxidaría y resultaría nocivo. Vacíelo en un bote de vidrio, que recubrirá con una película de aceite.

Tomates rellenos congelados
Haga el relleno e introdúzcalo en los tomates vaciados. Colóquelos en el congelador en bandejas pequeñas de metal; ya sólo le quedará introducirlos en el horno cuando lo desee. Los tomates no encogerán al cocerse durante menos tiempo.

Como condimento
Conserve los tomates pequeños en vinagre, ya sean verdes o rojos. Escójalos consistentes, lávelos, escúrralos y séquelos con un secador de cabello. Pínchelos con una aguja de coser y colóquelos en tarros. Puede añadir cebolletas, unas ramas de tomillo o de estragón y unos granos de pimienta. Cúbralo todo con vinagre blanco y déjelo macerar durante uno o dos meses.

Para eliminar los mosquitos
Al parecer, estos «vampiros» odian el olor de las hojas de tomate. Así pues, en verano, no dude en colgar ramos de hoja de tomate en su ventana.

Para aliviar las picaduras
Las hojas de tomate frotadas sobre una picadura de mosquito calman el picor.

TOMILLO

Para que se conserve
Póngalo a secar en una cesta de mimbre y después introdúzcalo en frascos, o bien meta en el congelador unas ramas de tomillo frescas dentro de una bolsa de plástico.
De esta forma, el tomillo se conservará fresco y perfumado.

Para los quesos
Coloque bajo la tapa de la quesera una o dos ramas de tomillo. Con ello logrará disipar el olor de los quesos fuertes.

Infusión
Antes de una buena comida copiosamente regada, beba una tisana de tomillo sin azúcar. Esto le evitará la pesadez de estómago y la tradicional resaca característica de algunas mañanas.

En el jardín
Plante una rama de tomillo en un lugar que esté muy soleado. Si a la rama le gusta el lugar, se transformará rápidamente en un arbusto. Para evitar que se seque por la parte del pie, acódelo desde el mes de abril del año siguiente.
De esta manera crecerá formando una bola y será más decorativo.

TORTILLAS

Calcule dos huevos por persona.
La tortilla quedará mejor si no bate demasiado los huevos.
Esponjosa, si le añade unos trozos pequeños de mantequilla. Más digestiva, si le añade una o dos cucharaditas de agua.
Hecha en su punto, si la vuelca sobre mantequilla hirviendo.

TRANSPIRACIÓN

Prolongue la vida de sus botas y de sus zapatos de invierno.
Espolvoree en su interior borato de sodio (se vende en farmacias y droguerías).
Este producto no elimina la transpiración, pero atenúa su olor por completo.

TRAPOS

Recuerde lavarlos regularmente y no caiga en la tentación de conservarlos durante mucho tiempo, salvo si se trata de trapos de más calidad que los habituales, como los de lana, los finos y los suaves que utiliza para secar objetos frágiles.

UVAS

Para que los racimos se conserven varios meses
Corte grandes racimos, eliminando las uvas que no estén en perfectas condiciones. Cuélguelos de un hilo sólido o de una cuerda fina en un lugar seco y aireado.

Belleza
Prepare esta loción tónica: mezcle en un cuenco pequeño una cucharada de agua, dos de zumo de pomelo, dos de zumo de uva y media de zumo de limón. Pásese un algodón empapado en esta mezcla por la noche, después de desmaquillarse, y por la mañana antes de hacerlo, si tiene la piel grasa.

VACACIONES

Antes de marchar
Si quiere evitar sorpresas desagradables a su vuelta (robos con rotura, etc.), pida a alguien que vaya a compro-

bar de vez en cuando si todo está en orden en su casa, que abra los postigos y que saque el correo de su buzón. Desde luego, su contestador automático no debe decir que está de vacaciones, ni que se ha ausentado durante un tiempo indeterminado.

VAHO ⇒ jabones

Para evitar el vaho en el cuarto de baño
En cuanto abre el grifo de su bañera, inevitablemente el cuarto de baño se llena de vaho. Remédielo dejando correr agua fría en la bañera antes de abrir el grifo de agua caliente.

VAINILLA

Para que se conserve
Si envuelve las ramas de vainilla en papel de aluminio, siempre estarán esponjosas y conservarán su perfume durante más tiempo.

Para perfumar el azúcar
Dispondrá siempre de azúcar avainillado si coloca una rama de vainilla en el azucarero.

Para aromatizar la leche
No olvide romper la vaina de vainilla a lo largo, ya que esto realza su gusto.

Licor de vainilla
Este licor muy dulce es delicioso. En un tarro con medio litro de ron negro deje macerar tres vainas de vainilla durante unos diez días. Pártalas previamente a lo largo,

procurando que no pierdan trozos pequeños. Una semana después, prepare un jarabe espeso con 250 gramos de azúcar, que mezclará con el ron y la vainilla. Filtre el ron e introdúzcalo en un tarro. Déjelo reposar diez días más antes de probarlo.

Extracto de vainilla
Ponga a macerar ocho ramas de vainilla partidas a lo largo (conserve los trocitos) en medio litro de alcohol de fruta durante dos semanas. Fíltrelo y conserve esta esencia de vainilla en tarros pequeños de vidrio. Podrá disponer de este extracto en todo momento para aromatizar cremas, el arroz con leche o la repostería.

VAJILLA

Taza agrietada
Póngala a hervir a fuego lento en un litro de leche durante 30 minutos. La grieta desaparecerá totalmente.

VASOS

De cristal ⇒ patatas ⇒ sal ⇒ garrafas
No los ponga en el lavavajillas, ya que podrían romperse fácilmente. Aclárelos con agua caliente después de la comida, y séquelos con un trapo que no deje pelusa. Colóquelos boca arriba, ligeramente separados, para evitar que choquen entre sí.

Limpieza a fondo
Pueden eliminarse los depósitos de cal llenando el objeto con agua destilada y dejándola en él varios días.

Frote con un cepillo las incrustaciones más profundas. Si lo necesita, utilice la solución de un litro de agua caliente, medio vaso de vinagre y un gran puñado de sal. Los fondos de botellas que conserven marcas de vino podrán limpiarse con esta misma solución.

Para escarchar un vaso
Humedezca el borde del vaso en medio centímetro de agua o de zumo de limón. A continuación, introduzca el borde del vaso en un recipiente lleno de azúcar en polvo.

Quitar las etiquetas
Para quitar las etiquetas de la cristalería, utilice un trozo de algodón empapado en alcohol de 90°. Cualquier producto abrasivo o esponja metálica podría rayar el cristal.

Para desencajarlos
Si se le ha encajado un vaso dentro de otro, nunca tire de ellos, ya que podría romperlos. Introduzca el vaso de abajo en agua caliente.

Para evitar que se rompan al contacto con un líquido caliente
Cuando lo llene con una bebida caliente, coloque primero el azúcar o una cucharilla.

VELAS

Para que no se derritan
Póngalas una noche a remojo en agua salada.

Para atenuar el humo del tabaco ⇒ olores
Coloque algunas velas encendidas, que disiparán el humo del tabaco que invade una habitación durante una cena o una recepción.

Manchas ⇒ manchas
Las manchas de cera desaparecen si intercala un secante entre la mancha y la plancha (calor suave). La cera se funde y se pega en el secante. Repita esta operación hasta que la mancha haya sido absorbida.

Para que no se consuman demasiado deprisa
Coloque unos granos de sal gruesa al pie de la mecha.

Hágalas usted mismo
Guarde los envoltorios de cera que rodean algunos quesos. Funda la cera al baño María e introdúzcala rápidamente en moldes pequeños. Deje que la cera se endurezca un poco e introduzca una mecha en el centro.

VENTANAS

Si son demasiado estrechas
Alárguelas fijando una varilla que sobresalga por ambos lados. Las cortinas abiertas crearán la ilusión de que la ventana es más grande.

Más luminosidad
Si a su apartamento le falta luz natural, fije en el antepecho de las ventanas unos espejos giratorios, que captarán la luz exterior y la enviarán al techo.

VERBENA

Conseguirá esquejes de verbena siempre y cuando la plante en tierra durante el mes de marzo, colocando un puñado de arena fina en torno a las raíces.

Salud
No hay nada mejor que una infusión de verbena para los estómagos perezosos. Bébase una taza antes de acostarse.

Belleza
Se quedará relajado, distendido y delicadamente perfumado si añade un puñado grande de hojas de verbena al agua de su baño.

VERDURAS Y LEGUMBRES

Para refrescarlas
Póngalas a remojo unos minutos en agua tibia. Recuperarán así el bonito aspecto de las verduras frescas.

Verduras frescas en vinagre
Durante la temporada, coloque en un tarro grande hermético diversos tipos de verduras frescas de tamaño pequeño: ramos de coliflor, zanahorias pequeñas, tomates verdes y rojos, judías verdes, pepinillos y cebolletas. Añada unas ramas de tomillo, de perejil, de estragón, unos granos de pimienta negra, un poco de sal y cúbralas con vinagre blanco.

Verduras crudas
En un tarro grande de vidrio de dos litros, que se cierre con un tapón de corcho, coloque en varios pisos las verduras de su huerto, que servirá durante el aperitivo: trozos pequeños de coliflor, gruesas rodajas de zanahorias nuevas, hinojos cortados en cuatro trozos (por su gusto a anís), pequeños tomates verdes o rojos, rodajas de rábanos sin pelar, ramas de apio, de perejil y de tomillo. Salpimiente y cubra con vinagre de limón o de sidra. Estos tarros de verduras tienen un aspecto tan bonito que también puede regalarlos.

Para el invierno
Si su cosecha de verduras es muy abundante, no dude en preparar jugos, sorbetes salados, purés y caldos, que puede conservar en el congelador. Puede utilizarlos en el invierno para sus guisos, salsas y sopas.

Sopas
Conserve en el congelador el agua de cocción de las verduras del verano (espárragos, judías verdes, espinacas, etc.). Rica en vitaminas, servirá de base para sus sopas.

Congeladas
Para que sus verduras congeladas no queden aguadas en el momento de servirlas o de emplearlas, cuézalas al vapor. Colóquelas aún congeladas en la cesta de la olla a presión y déjelas cocer, sin cerrar la tapa.

Un color bonito
Conservarán su color si añade un poco de vinagre en el agua de cocción y no las sala hasta que ésta haya concluido. No las cubra por completo.

Berenjenas secas
Retire el pecíolo de las berenjenas y séquelas con un trapo. Córtelas en rodajas de medio centímetro a lo largo. Cuelgue las rodajas en una cuerda de un metro de largo aproximadamente y sumerja esta guirnalda durante dos minutos en agua hirviendo salada (30 gramos de sal por litro) con laurel y granos de pimienta. Cuélguelas después al sol para que se sequen completamente y guárdelas en tarrinas pequeñas, cubiertas con un trapo o una gasa, en un lugar seco.
Antes de utilizarlas, sumerja las berenjenas en agua tibia durante cinco minutos y, a continuación, páselas por aceite con ajo y, una vez hechas, perejil picado fino.

Para secar los champiñones ⇒ setas
Los champiñones deben secarse a la sombra, en un local seco y aireado (desván).

Límpielos bien, evitando mojarlos; córtelos en rodajas de tres o cuatro milímetros de grosor y extiéndalos sobre hojas de papel, procurando que no se cubran entre sí. Tápelos con un trapo fino o una gasa para protegerlos de los insectos y del polvo. Déles la vuelta de vez en cuando para conseguir un secado completo. Consérvelos en cajas de metal, en dobleces de papel aceitado o bien en bolsas de papel rígido.

Observación: de este modo se conservan sobre todo las setas.

Puede utilizarlas, tras haberlas reblandecido, para aromatizar los platos de arroz, asados, estofados, pastas, etc.

Perejil seco

Corte los tallos del perejil, eliminando las hojas que estén estropeadas. Sumérjalo un instante en agua fría y escúrralo. Forme ramos pequeños atados con un hilo. Colóquelos al sol, teniendo la precaución de descolgarlos por la noche o de cubrirlos con una hoja de papel o de plástico para protegerlos del rocío. El perejil estará totalmente seco transcurridos tres o cuatro días. Córtelo con las tijeras para poder llenar sin dificultad una caja o un tarro.

De esta misma forma se puede secar la menta o la albahaca. Consérvense en lugar seco. El perejil seco puede utilizarse solo o con otras especias.

Tomates secos al natural

Lave los tomates y córtelos por la mitad a lo largo. Colóquelos en una plancha con la parte cortada hacia arriba. Póngalos a secar al sol, lentamente, para evitar que la evaporación ocasione una pérdida demasiado brusca del zumo y también para que la piel no se arrugue demasiado. En cuanto estén totalmente deshidratados, y por lo tanto secos, colóquelos en tarros de vidrio cerrados o simplemente cubiertos de papel sulfurizado. En el momento de utilizarlos para preparar una salsa o cualquier otro plato, cuézalos añadiendo un poco de agua.

Tomates secos a la albahaca
Frote los tomates con un trapo ligeramente húmedo (no los lave) y quíteles el pecíolo. Córtelos por la mitad horizontalmente, retire las semillas y colóquelos sobre una rejilla, con la parte cortada hacia arriba. Espolvoree abundantemente sal y, a continuación, exponga la rejilla al sol hasta la tarde. Elimine el agua que surgirá en los tomates. Al día siguiente, coloque de nuevo los tomates al sol hasta la tarde; repita esta operación durante cinco o seis días. Si transcurridos éstos le parece que aún están acuosos (tienen que tener la consistencia de higos secos bastante blandos), páselos 20 minutos por el horno al mínimo. Limpie las hojas de albahaca y expóngalas al aire (no al sol) en un trapo durante varias horas.
Una las dos mitades de los tomates colocando una hoja de albahaca en medio. Apriete bien las dos mitades e introdúzcalas en tarros formando capas regulares. Rellene el tarro con la suficiente cantidad de aceite para que los tomates queden cubiertos y ciérrelo. Si es necesario, añada más aceite los días siguientes.
Los tomates preparados de esta forma pueden servirse como entremés, acompañando a las carnes (a la brasa, asadas o a la plancha) y los asados.

Legumbres
Evitará que los gorgojos devoren sus legumbres si añade en los botes unos granos de pimienta o una hoja de laurel. Los gorgojos odian estos olores.

TIEMPOS DE COCCIÓN DE VERDURAS Y LEGUMBRES

Le ofrecemos los tiempos de cocción medios para un kilogramo de verduras o legumbres; si le gustan más crujientes, reduzca el tiempo de cocción; si las prefiere más cocidas, añada unos minutos.

	En agua fría	En agua hirviendo	En estofado	Al horno	A la brasa
Alcachofas		40 min según tamaño			
Apio nabo		30 min			1 h
Calabacines		15 min			45 min
Castañas		40 min			
Coles		25 min			1 h 30
Coles de Bruselas		20 min			45 min
Coliflores		20 min			
Endibias		30 min			50 min
Espárragos		20 min			
Espinacas		10 min	20 min		
Guisantes		15 min	30 min		
Habas frescas		20 min			
Habas secas		2 h mínimo			
Judías blancas frescas		1 h	1 h 30		
Judías blancas secas	2 h				
Judías verdes		25 min			
Nabos		35 min	1 h		
Patatas	20 min según tamaño				
Puerros		20-30 min			
Remolachas		1 h 45		2 h	
Salsifís		35 min	1 h		
Tomates escalfados		30 seg			
Zanahorias		40 min			1 h

VIAJES EN AVIÓN

Suele decirse que los largos recorridos provocan retención de agua.
En cuanto llegue a su destino, es muy posible pues que haya aumentado uno o dos kilos, así que es inútil que se precipite sobre la balanza. Evite durante un par de días tomar zumos de fruta azucarados y alcohol; conténtese con grandes vasos de agua hasta restablecer la situación.
Durante los largos recorridos, evite también maquillarse demasiado; bastará un poco de colorete en los pómulos y un poco de rímel en las pestañas... el cansancio y el maquillaje nunca han hecho buenas migas.
Tenga a mano toallitas refrescantes, que le serán muy útiles durante el viaje.

VIDRIOS

Cortar el vidrio
Existen muchos grosores (dos, tres y cuatro milímetros)

y numerosas formas. ¿Quiere cambiar el vidrio de un cuadro o sustituir un cristal de ventana? Le ofrecemos algunos consejos indispensables para cortar el vidrio.

- –Si no corta el vidrio a la medida exacta, lo habrá desperdiciado, ya que no podrá utilizarlo aunque sólo le falten unos milímetros.
- –Para conseguir la medida exacta, haga cuidadosamente un calco del vidrio que quiere cambiar, del cuadro, etc.
- –No podrá hacer un ángulo intermedio, ya que el vidrio debe cortarse siempre de un extremo al otro; utilice un cortavidrio en una superficie totalmente plana, cubierta con un cartón o un hule, y talle de un solo trazo toda la longitud, sin detenerse; preste atención al grosor de la herramienta (en general tres milímetros) para que sus dimensiones sean exactas.
- –Una vez terminado el corte, ponga el vidrio en el borde de la mesa, de forma que lo haga coincidir con la línea del corte. Con el mango del cortavidrio, golpee ligeramente a lo largo de la línea de corte; a continuación, dé un golpe seco en el extremo de la pieza, que ha de desprenderse. Con las muescas del cortavidrio, se enrasan rebabas sin problemas

VINAGRE

Hágalo usted mismo
Tiene que saber que si utiliza vino de 10 y 11 grados, obtendrá vinagre de unos 6 grados; con vino de 12 a 13 grados, vinagre de unos 7 grados.

Para hacerlo en un tarro
Deje abierta unos tres meses una botella de vinagre para

que se forme la «madre»[1]. Vuélquela con cuidado en un tarro, sin tocarla con las manos ya que podría morir. Añada de dos a tres litros de vino de buena calidad si desea obtener un buen vinagre (vino blanco o incluso cava). Deje reposar unos dos meses y podrá ya utilizarlo tal cual, o introducirlo en frascos pequeños que puede perfumar si lo desea.

Para perfumarlo
Ponga «casi a hervir» un poco de vinagre, introdúzcalo en un tarro y añádale tomillo o chalote cortado, estragón, apio, ajo, saúco, espliego, etc. Cuando el vinagre se haya enfriado, cierre el tarro. Dos meses después tendrá un excelente vinagre perfumado a su gusto.

Si utiliza un barril
Debe utilizar cantidades mayores de hierbas aromáticas: para diez litros de vinagre perfumado al ajo, cuente con 30 dientes de ajo chafados. Para diez litros perfumados al limón, tendrá que cortar en cuartos, con la piel, diez limones **no tratados**. Para diez litros perfumados a la frambuesa, añada ocho kilos de fruta.
Déjelo macerar durante un mes, fíltrelo e introdúzcalo después en botellas.

Le recomendamos especialmente estos cuatro tipos de vinagre:

Vinagre a las cuatro hierbas
Este vinagre es especialmente aromático si se utilizan las «hierbas» siguientes: tomillo, chalote, estragón y espliego. Se vuelca un litro y medio de vinagre hirviendo sobre estos ingredientes, colocados en el fondo de una cazuela, tras haberlos partido ligeramente sin aplastarlos. Tape el recipiente para que no se evapore el aroma y, cuando el vinagre esté frío, fíltrelo e introdúzcalo en una botella.

1. Se trata de un poso o membrana formado por la aglomeración de bacterias, que provocan la transformación del alcohol en ácido acético.

Utilice el vinagre a las cuatro hierbas para aromatizar ensaladas mixtas o salsas calientes y frías. También puede utilizarlo para conservar verduras. Es especialmente apetitoso con el aceite de oliva, para aliñar las ensaladas de judías verdes.

Vinagre al estragón
Lave el estragón, escúrralo un poco para que se seque e introdúzcalo en la botella de vinagre.
Una semana después, podrá utilizar este vinagre para aliñar ensaladas o perfumar salsas frías, como la mayonesa.

Vinagre a la rosa
Coja las rosas por la mañana, lave los pétalos eliminando la punta amarilla de la parte inferior e introdúzcalos en el vinagre. Déjelos en infusión durante 10 días. Transcurridos éstos, filtre el vinagre; estará listo para usarlo.
Puede utilizarse este vinagre a la rosa para aliñar ensaladas de tomate, de pepino, de pepinillo, etc.

Vinagre a la frambuesa
Escoja frambuesas muy maduras y limpias. Introdúzcalas en una botella de cuello alto y añada el vinagre, unas gotas de zumo de limón y dos trozos de piel.
Cierre la botella, agítela ligeramente y déjela macerar en un lugar fresco y oscuro de 15 a 20 días. Transcurridos éstos, filtre el vinagre con un tamiz, apretando las frambuesas. Vuelva a colocar el vinagre perfumado en una botella y consérvela en un lugar fresco y oscuro. Esta receta es muy antigua, pero todavía se utiliza en las zonas rurales de Francia e Italia. Añadiendo unas gotas en un vaso de agua fresca de manantial, obtendrá una bebida muy refrescante para los días de calor. También puede utilizarlo para aliñar las ensaladas de temporada.

Para eliminar la espuma
Se ha equivocado de detergente y la espuma inunda su lavadora. Eche inmediatamente un vaso de vinagre en la cubeta de la misma.

Para los quemadores
Ponga en remojo, durante una noche, los quemadores de la cocina a gas en vinagre blanco al que habrá añadido un puñado de sal gruesa. A la mañana siguiente, tras pasarles el estropajo, quedarán como nuevos.

Para las cazuelas quemadas
Caliente a fuego suave un vaso de vinagre en la cazuela quemada, y deje que se evapore. La cazuela quedará limpia como por arte de magia.

Para los objetos de aluminio
Consiga que recuperen el brillo frotándolos con una esponja empapada en agua y vinagre.

Para limpiar las ventanas ⇒ **ventanas**
Antes de pintar los marcos de las ventanas, moje bastante los cristales con vinagre. Las manchas de pintura saldrán sin necesidad de rascarlas, evitando que los cristales puedan rayarse definitivamente.

Para eliminar los olores ⇒ **olores**
Limpie el congelador con agua y mucho vinagre, y deje la puerta abierta para que se seque.

Para las prendas de lana
Si añade un chorro de vinagre en el agua del último aclarado de sus prendas de lana, no se enfurtirán y quedarán más mullidas.

Para reforzar el gusto de las fresas
Lave las fresas, quíteles el rabo, póngalas en un cuenco, añádales azúcar y riéguelas con una cucharadita de vinagre. Remuévalas delicadamente.

Para las mermeladas
«Cuajarán» con toda seguridad si añade una cucharada de café de vinagre en el recipiente de la mermelada.

Para dar energía y luminosidad a su cabello ⇒ **cabello**
Añada a la última agua de su enjabonado una cucharada de café de vinagre.

VINAGRETA

Para conseguir una buena vinagreta
Cuente con cucharada y media sopera de vinagre, tres cucharadas y media de aceite, un poco de sal fina y dos o tres vueltas de molinillo de pimienta en grano. Prepare con antelación un tarro de vinagreta en previsión de sus próximas ensaladas. Hágalo en un tarro de vidrio hermético. No lo introduzca en el frigorífico, ya que el aceite se solidificaría y quedaría inutilizable. Mejore esta salsa a su gusto con aros de cebolla, trozos de ajo, chalote, una yema de huevo duro aplastada, etc.

VINOS

Tiene que saber que medio vaso de vino tiene tantas calorías como una cucharada sopera de mantequilla.

Para las plantas verdes
Riéguelas de vez en cuando con un poco de vino tinto, lo que les proporcionará fuerza y vigor.

Para los bronces dorados
Frote los objetos de bronce que se hayan quedado mates

con un algodón empapado en vino blanco, y recuperarán todo su brillo.

Para las salsas
Si en el último momento se da cuenta de que no tiene vino blanco para añadir a su salsa, sustitúyalo por dos terrones de azúcar disueltos en un vaso de vinagre. Nadie lo notará.

Mancha
¡Cielos, una mancha de vino tinto en el mantel blanco! Impregne inmediatamente la mancha con vino blanco y aclárelo. Si la mancha no desaparece, pásele un algodón con agua oxigenada.

Para conservar una botella abierta
Utilice este procedimiento sólo si se trata de un vino excelente que no va a terminar hasta pasados unos días. Fije bajo el tapón el trozo de una cerilla por el lado del fósforo. Encienda la cerilla y cierre rápidamente la bote-

lla. De esta forma, el aire contenido en el espacio comprendido entre el vino y el tapón no oxidará el vino. El vino debería conservarse intacto si, además, coloca la botella boca abajo.

Salud

Para luchar contra el frío o la gripe, prepárese un vino caliente. Añada un poco de canela y una cucharada de miel, sin olvidar una rodaja de limón.

Sepa elegir el vino

Embutidos: vino joven y perfumado.
Mariscos: blanco seco.
Pescado a la plancha: blanco seco.
Pescado en caldereta: blanco o tinto, en cualquier caso el mismo que ha utilizado para la salsa.
Carnes rojas: vino tinto con cuerpo.
Carnes blancas: vino tinto suave o rosado seco.
Aves de caza: vino tinto.
Carne de caza: vino tinto con cuerpo.
Foie-gras: vino blanco perfumado o cava.
Ensalada: agua.
Helado: agua.
Queso: vino tinto suave.
Es preferible no hacer demasiadas mezclas. Elija pues un vino que se adapte al conjunto de la comida; un vino blanco si ofrece marisco, pescado o carnes blancas y cava para el postre, o bien un vino tinto para toda la comida salvo para el postre, en el que el cava siempre es bien recibido.

VINO (LÉXICO)

Alegre: término que designa el aroma de un buen vino cuando ha exhalado todo su perfume.
Aligoté: cepa vieja blanca que se cultiva en algunas zo-

nas como Borgoña. Debe consumirse en los tres años siguientes a la cosecha.

Amargura: para ciertas cosechas, no siempre se trata de un defecto, sino de una cualidad.

Aroma: dos tipos de aroma caracterizan el agradable olor del vino, el debido al aroma del racimo y el debido al trabajo de la tierra en la que se ha cultivado.

Blanc de Blancs: vino blanco obtenido de uva blanca sin connotación de calidad.

Buqué: los vinos que tienen buqué, esto es buen olor, en principio son de buena calidad.

Capacidad de las botellas: aunque algunos vinos se comercializan en botellas de un litro, lo más habitual son botellas de 75 centilitros, aunque si es vino francés puede fluctuar entre 72 y 80 centilitros.

Clarete: tinto muy suave.

Clavelín: vino del Jura comercializado en botellas de 63 centilitros.

Compuesto: vino rico en alcohol y en elementos aromáticos.

Cuba: cantidad de vino que contiene una sola cuba.

Cuerpo (con): el vino rico en aroma y con alta graduación alcohólica «tiene cuerpo».

Château: nombre que se da a las cosechas de la zona francesa del Bordelais. El embotellado en el castillo *(château)*, denominación adoptada en castellano, es garantía de la autenticidad del vino comprado, que en la mayoría de los casos es de buena calidad.

Débil: vino de un mal año.

Denominación de origen: los vinos con denominación de origen se designan según una zona geográfica. Los más famosos son los vinos de denominación controlada.

Espirituoso: vino de alta graduación alcohólica, que enseguida se sube a la cabeza.

Excelente: expresión que designa una muy buena cosecha.

Generoso: de elevada graduación alcohólica y de muy buena calidad.

Joven: vino del año.
Kir: aperitivo realizado con licor de casis y vino blanco de Borgoña.
Meloso: vino blanco o rosado entre vino y licor.
Primera Cosecha *(Premier Cru)*: solamente vino de denominación controlada.
Reposar: después de embotellado, el vino debe reposar entre uno y tres meses antes de consumirse.
Reserva: sólo los vinos con denominación de origen que se producen en una región determinada pueden ser denominados «reserva» y deben pasar una segunda fase en barrica de madera.
Rosado: Tinto con poco tiempo con el orujo.
Sabor a corcho: los tapones de corcho de mala calidad confieren un mal sabor al vino.
Tonel: el tonel contiene unos 200 litros.
Vino gris: rosado con muy poco color.
Vino hecho: obtenido mediante concentración del mosto caliente y servido a menudo como aperitivo.
Vino seco: cuyo azúcar se ha transformado en alcohol por vinificación.

VIÑAS

Conserve las hojas de vid más bonitas en vinagre blanco, tras haberlas lavado y secado cuidadosamente con un secador de cabello. Le servirán para presentar los quesos o para hacer hojas de vid rellenas de arroz y marisco o carne.

VITAMINAS BÁSICAS

¿Dónde se encuentran principalmente?

Para la piel, las uñas y la vista
Vitamina A: en el hígado de aves, los pescados y las zanahorias.

Para el cabello
Vitaminas B_1, B_2 y B_3: en la levadura de cerveza y los cereales completos.

Antifatiga
Vitamina C: en los despojos, los cítricos, las patatas nuevas y los kiwis.
Para conservar al máximo la vitamina C en frutas y verduras, lávelas enteras bajo el grifo. Evite cocerlas con mucha agua e intente comerlas recién cogidas. La vitamina C se volatiliza muy rápidamente, se pierde en la mayoría de zumos de frutas y verduras preparados con antelación. Se desaconseja la olla a presión, ya que destruye enseguida las vitaminas.

Para fijar los oligoelementos y los minerales
Vitamina D: en la mantequilla, el hígado y las yemas de huevo.

Antienvejecimiento
Vitamina E: en los gérmenes, los cereales y los aceites.

W.C.

En el campo
Para evitar que en su ausencia el agua de la cisterna se congele, ponga en la cubeta tres o cuatro puñados de sal gruesa.

Ahorro
Coloque en la cubeta de la cisterna un ladrillo. Este in-

genioso truco le permitirá ahorrar un litro de agua cada vez que utilice la misma.

W.C. embozados

Cuando se utiliza un desatascador, a menudo se comete el error de maniobrarlo de forma equivocada. Es mejor proceder de la siguiente forma:

1. Asegúrese bien de que el desatascador cubra la superficie exterior del agujero, sin solución de continuidad; si no fuera así, se podría «rellenar» con papel de periódico para tapar todos los orificios.
2. Dé un golpe seco y fuerte hacia delante, sin volver atrás.
3. Deslice una barra de madera o de cualquier otro material bajo el desatascador para que recupere su forma normal.
4. Repita la operación.

YOGURES

Prepárelos usted mismo

Utilizando la olla a presión

Ingredientes que necesita: un litro de leche, un yogur natural entero y una cucharada sopera de nata fresca.

Ponga a hervir la mitad de la leche en un recipiente y mezcle el otro medio litro de leche fría con el yogur y la nata. Añada después la leche hervida, cuando esté tibia, y bátalo todo con un tenedor. Ponga a hervir unos minutos uno o dos vasos de agua en la olla a presión, cerrándola herméticamente. Durante este tiempo, llene los botes con la mezcla de leche obtenida. Vacíe la olla a presión, coloque los botes dentro y vuelva a cerrarla. Déjelos reposar durante unas cinco horas y media. Saque los botes de yogur, tápelos y colóquelos en el frigorífico.

Utilizando el horno
Ponga a hervir la leche y déjela enfriar hasta 50 °C. Añada un yogur natural entero batiendo con un tenedor (y nata si lo prefiere, como anteriormente).
Llene los botes, que colocará en el horno durante dos horas y media con el termostato al 1,5 o al 2, dependiendo del horno (calor a 50 °C). Deje que se enfríen en el horno, con la puerta abierta.

Salsa de yogur
Esta salsa puede sustituir a la vinagreta. Siga nuestras instrucciones:
Bata un yogur con el zumo de medio limón, un chalote picado (o un diente de ajo) y una cucharada de perifollo o de estragón picado. Salpimiente.

Belleza
Mascarilla para pieles grasas
Mezcle medio yogur con dos cucharadas de café rasas de fécula de patata. Aplíquesela en la cara durante unos 15 minutos y aclárese con agua fría o tónico.

ZANAHORIAS

Para que se conserven
Antes de colocarlas en el cajón de las verduras, en un lugar oscuro, no olvide cortar las matas, ya que eliminan la savia de la raíz y secan las zanahorias.

Planta decorativa
Corte una zanahoria a tres centímetros de la parte superior y colóquela entre piedras pequeñas, en un recipiente vacío. Riegue a la altura de las hojas y éstas crecerán transformándose en una planta verde.

Pastel de zanahorias
Ralle medio kilo de zanahorias. Ponga en una bandeja medio kilo de harina, 150 gramos de azúcar y medio paquete de levadura. Mézclelo con tres yemas de huevo, incorpore las zanahorias y después, con cuidado, las claras de huevo batidas a punto de nieve. Vuelque la mezcla obtenida en un molde con mantequilla y póngalo al horno (termostato al 7) durante 40 minutos.

Belleza ⇒ bronceado
Para preparar el bronceado de las vacaciones, tome cada mañana, en ayunas, un zumo de zanahorias durante las dos semanas previas a su viaje.

Salud
No dude en consumir muchas zanahorias ralladas, aliñadas con zumo de limón, ya que son excelentes para la piel y el cabello.

ZAPATOS

Para ordenarlos
Guárdelos preferentemente limpios y embetunados (de esta forma estarán siempre listos para que se los ponga y además prolongará la duración de su vida). Rellénelos de papel de periódico para evitar que se deformen.

Suelas resbaladizas
Páselas por papel de lija o pegue en ellas pequeños parches de los que se utilizan para arreglar las cámaras de aire de las bicicletas.

Zapatos que chirrían
Frote regularmente la suela exterior con aceite de lino. Además, sus zapatos resistirán más tiempo la humedad.

Demasiado duros
Frote la zona que le hace daño con un algodón empapado en alcohol de quemar.

Un poco estrechos
Introdúzcalos en un colador que colocará sobre una cazuela de agua hirviendo. Cuando estén empapados de vapor, póngaselos y camine, de manera que se adapten a la forma de sus pies.

De ante
Para que conserven su aspecto mate y aterciopelado, frótelos muy ligeramente en círculos con papel de lija del n.º 00.

De cocodrilo
Consérvelos frotándolos con un algodón ligeramente empapado en aceite de almendra suave.

De piel
Los zapatos de piel conservarán toda su flexibilidad si por la noche les pasa un trozo de algodón empapado en leche. Por la mañana, límpielos con betún y sáqueles brillo. Repita esta operación una vez al mes.

Zapatillas de tenis
No dude en lavarlas de vez en cuando en la lavadora. Atrévase a teñirlas del mismo color que su chándal. También puede decorarlas con motivos diversos (pinte, por ejemplo, unas cerezas o unas manzanas muy verdes). No dejarán rastros blancos en la ropa si las trata con polvo de tiza diluido en un poco de leche.